高校教師のための
学 級 経 営
365日のパーフェクトガイド

できる教師になる！ 3年間の超仕事術

上山 晋平 著
Kamiyama Shimpei

明治図書

まえがき

　この本を手に取ってくださり，ありがとうございます。
　この本は，「高校学級担任の仕事術」をまとめた本です。「学級経営について学びたい」「生徒と今よりよい関係を築きたい」「よい教師になりたい」と願っておられる方のために作りました。私は中学で6年間勤務し，その後高校に異動したので，中高両方の経験から高校教師の仕事を考えてみました。
　この本は，次のような3つの「つながり」から生まれました。

①学校で学んだ経験を書き残してきたこと。（実践記録は5年で500ページ）
②記録の一部を「新年度準備の仕事術」（冊子）に整理し同僚の先生方にお渡しすると，「具体的で役立つね」と喜んでいただけたこと。
③そのことを英語教育書の出版で（『英語家庭学習指導ガイドブック』『英語テストづくり＆指導完全ガイドブック』）お世話になった明治図書の木山麻衣子さんと話をする中で，「高校学級経営の本を」と，執筆のお話をいただいたこと。

　私たちは，「今後10年間で若手の先生が大増員する時代」にいます。自分より若手の先生方に助言する機会も増えてきます。しかし，「忙しくて本を読む時間がない」と言われる先生が多いことも事実です。そこで本書は，忙しい先生方も「要点が具体的に短時間で学べる」よう，次の特徴でまとめました。

①【簡潔】「知ると指導が変わるポイント」を「見開き」で簡潔にまとめる。
②【役立つ】実物資料や画像を用いて「具体的」で「役立つ」ものにする。

　本書は，多くの方のおかげで生まれました。特に，山路英明校長先生，東京の谷口幸夫先生，小寺令子先生，関西外国語大学の中嶋洋一先生，広島大学の柳瀬陽介先生や樫葉みつ子先生には夢，教育哲学，発表，文章の書き方を教わりました。明治図書の木山麻衣子さんは優しく執筆を励ましてくださいます。勤務校の生徒，大谷典史校長先生をはじめとする管理職・同僚の先生方，保護者の方には，あたたかく育てていただき，本当に感謝しています。皆さんとの実践や教えから本書は生まれました。さらに，自分が教師を志すきっかけをくれた父や，母や妻・子どもの支えのおかげで頑張れます。この本を通して，読者の方々に少しでも貢献できればうれしいです。

　　平成27年2月　　　　　　　　　　　　　　　　　　　　　　　　上山　晋平

本書の使い方

　本書では，「高校学級担任の仕事術」について，１～９の各CHAPTERで魅力的な内容満載でご紹介しています。

■各CHAPTERの内容について

CHAPTER１ 高校学級担任の仕事とは	学級担任・副担任の心得（Dos & Don'ts）（p.12） 学級担任の仕事術の基本（p.17）
CHAPTER２ 新年度準備の仕事術	新年度開始までの準備リスト一覧（p.18） 新年度前の教室環境整備一覧（p.38）
CHAPTER３ 入学式・始業式の仕事術	クラス全員の名前を覚える方法（p.40） 「スケッチブック」で学級開き（p.48）
CHAPTER４ 学級開き「最初の２日間」の仕事術	最初の２日間に向けての担任準備一覧（p.51） 最初の２日間にすること（p.53～）
CHAPTER５ 生徒指導の仕事術	生徒を知るための５つの方法（p.65） 生徒との人間関係をつくる方法（p.68）
CHAPTER６ 行事指導の仕事術	行事指導で大切なこと一覧（p.82） 担任が行う合唱指導術（p.86）
CHAPTER７ 保護者連携・三者懇談の仕事術	保護者との連携・面談のポイント（p.92） 三者懇談の準備・当日の全仕事（p.95～）
CHAPTER８ 進路指導の仕事術	大学進学・月別重要事項と指導ポイント（p.108） 志望理由書・推薦文の書き方（p.116～）
CHAPTER９ 終業式・卒業式の仕事術	実録①　高２担任　最後のホームルーム（p.140） 実録②　高３担任　卒業式の一日（p.145）

■ページ構成について

　各項目は，左頁に，「概要や背景」「手順」「留意点・工夫」を掲載しています。右頁には，関連する「資料」や「画像」「図表」などを配置し，忙しくても少し読むと，「ヒントが得られた！」という作りで構成されています。

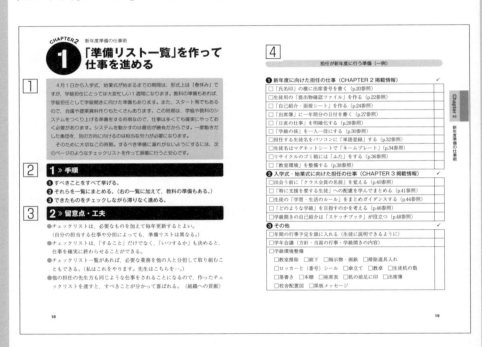

1 各項目の概要や背景を解説しています。
2 手順を時系列で分かりやすく説明しています。
3 留意点や工夫のポイントを紹介しています。
4 関連する実物資料をビジュアルな形で掲載しています。

CONTENTS

まえがき 2
本書の使い方 3

CHAPTER 1 高校学級担任の仕事とは

- ❶ 高校教師の仕事とは？　　9
- ❷ 高校教師に必要な力とは？　　10
- ❸ 高校赴任が決まったらすること　　11
- ❹ 学級担任・副担任の心得（Dos & Don'ts）　　12
- ❺ 高校３年間の進路指導イメージをもって指導にあたる　　13
- ❻ 学校は４月１日から慌ただしく動き出す　　15
- ❼ 学級担任の一日の仕事　　16
- ❽ 学級担任の仕事術の基本　　17

CHAPTER 2 新年度準備の仕事術

- ❶「準備リスト一覧」を作って仕事を進める　　18
- ❷「氏名印」の横に出席番号を書く―使った後に順番通りに戻しやすい―　　20
- ❸ 生徒用の「提出物確認ファイル」を作る―担任の○つけ作業を短縮―　　22
- ❹「自己紹介・面接シート」を作る―適切な指導は生徒を知ることから―　　24
- ❺「出席簿」に一年間分の日付を書く―毎朝が楽になる―　　27
- ❻「日直の仕事」を明確化する―すべきことが明確に分かる―　　28
- ❼「学級の係」を一人一役にする―不公平感なく担任は助かる―　　30
- ❽ 担任する生徒名をパソコンに「単語登録」する―名前の入力が早くなる―　　32
- ❾ 生徒名はマグネットシートで「ネームプレート」―用途は多数―　　34
- ❿ リサイクルのゴミ箱には「ふた」をする―注意軽減―　　36
- ⓫「教室環境」を整備する―リストでもれなく仕上げる―　　38

CHAPTER 3 入学式・始業式の仕事術

1. 出会う前に「クラス全員の名前」を覚える　　　　　　　　　　　40
2. 「特に支援を要する生徒」への配慮を学んでまとめる　　　　　　41
3. 生徒の「学習・生活のルール」をまとめガイダンスする　　　　　44
4. 「どのような学級」を目指すのかを考える―学級開きまでに明確化―　46
5. 学級開きの自己紹介は「スケッチブック」が役立つ　　　　　　　48

CHAPTER 4 学級開き「最初の2日間」の仕事術

1. 最初の2日間とその重要性について知る　　　　　　　　　　　　50
2. 最初の2日間に向けての担任準備（一覧）　　　　　　　　　　　51
3. 最初の2日間①　初日　はじめて出会った生徒が笑顔で握手する　53
4. 最初の2日間②　初日　入学式と学級開きをどう行うか　　　　　54
5. 最初の2日間③　初日　入学式や始業式の放課後には何をするか　58
6. 最初の2日間④　2日目　学級の係・委員会を短時間で決める方法　60
7. 最初の2日間⑤　2日目　学級のシステムを伝え稼動させる　　　62
8. 最初の2日間⑥　2日目　教室掃除が短時間で終わるシステムをつくる　63

CHAPTER 5 生徒指導の仕事術

1. 「生徒を知る」ための5つの方法　　　　　　　　　　　　　　　65
2. 「部活動見学」は生徒の新たな面を知るチャンス　　　　　　　　67
3. 「生徒と教師の人間関係」をどうつくるか　　　　　　　　　　　68
4. 短時間でも全員と面接できる「面談準備シート」　　　　　　　　70
5. 短時間でできる「席替え」で新たな人間関係をつくる　　　　　　73
6. 情報を集約して活用する「個人記録表」　　　　　　　　　　　　74

- ❼「授業の中で生徒指導」をする視点とは　　　　　　　　　　　　76
- ❽ 問題行動への「基本的な心構え」を知っておく　　　　　　　　78
- ❾「携帯電話」の指導で担任が知っておきたいポイント　　　　　80

CHAPTER 6　行事指導の仕事術

- ❶ 行事指導で「大切なこと」　　　　　　　　　　　　　　　　　82
- ❷ 行事は「生徒との関係」を深めるチャンス　　　　　　　　　　84
- ❸「合唱指導」をすることになったら―心構えと指導技術―　　　86
- ❹ 修学旅行では学びをまとめる　　　　　　　　　　　　　　　　88
- ❺ 行事の後にはすぐに写真をまとめる―学級経営のうまいコツ―　90

CHAPTER 7　保護者連携・三者懇談の仕事術

- ❶ 保護者との連携・面談のポイント　　　　　　　　　　　　　　92
- ❷ 保護者との初顔合わせは誠意をもって準備する　　　　　　　　94
- ❸ 三者懇談の効果的なやり方①―準備編―　　　　　　　　　　　95
- ❹ 三者懇談の効果的なやり方②―当日編―　　　　　　　　　　　99
- ❺ 保護者に成績を郵送する！早くて確実に封筒詰めする方法　　102
- ❻ 転学を考える生徒をどうサポートするか（進学相談）　　　　104

CHAPTER 8　進路指導の仕事術

- ❶ 大学進学に関する月別重要事項と指導ポイント　　　　　　　108
- ❷ 進路指導を学ぶ①　予備校研修会の活用法　　　　　　　　　110
- ❸ 進路指導を学ぶ②　模試結果分析会議の活用法　　　　　　　112
- ❹ 生徒に教える！模試の活用法　　　　　　　　　　　　　　　114

❺ 入試業務① 「志望理由書」の書き方を指導する	116
❻ 入試業務② 推薦入試の「推薦文」はどう書くか	118
❼ 入試業務③ 「面接指導」では何をどう教えるか	120
❽ 入試業務④ 「通知表・調査書所見」をスムーズに書く方法	122
❾ 入試を応援① 受験日までのカウントダウンで臨場感を高める	123
❿ 入試を応援② 入試スケジュールの組み方のポイント	124
⓫ 入試を応援③ 入試に関わる手順・確認事項を伝えるチェックリスト	126
⓬ 入試を応援④ センター試験前日・当日の過ごし方	128
⓭ 入試を応援⑤ お守りと試験後の心構え	131
⓮ 生徒から学ぶ！後輩に伝えたい受験勉強の成功事例	132

CHAPTER 9 終業式・卒業式の仕事術

❶ 年度末の仕事術① 指導要録を早く書くワザ	134
❷ 年度末の仕事術② ３月中に今年度のまとめと新年度の準備を	136
❸ 最後のホームルームはスライドショーで思い出を	138
❹ 実録① 高２担任 最後のホームルーム	140
❺ 実録② 高３担任 卒業式の一日	145

CHAPTER 1　高校学級担任の仕事とは

高校教師の仕事とは？

　まずは，読者の皆さんに質問をします。皆さんは，高校教師の仕事と聞いて，高校教師がどのような仕事をしている姿を想像されますか。（イメージしてみてください。）高校教師の仕事は多岐にわたりますが，次のように分けることができます。

> ❶ 教科の仕事（授業）
> ❷ 学年・学級の仕事（担任・副担任）
> ❸ 校務分掌の仕事
> ❹ 部活動の仕事

＊参考　東海林明『高校教師入門　仕事の進め方・考え方』（学事出版）

　いかがでしょうか。高校教師の仕事は，「学年・学級の仕事」だけでなく，それ以外にも多くの仕事があることが分かります。次にそれぞれの例を挙げてみます。

❶ 教科の仕事
> ・授業の準備（教材準備・内容や指導法の準備）　・授業
> ・提出物の確認　・小テストやテスト等の採点　・補習
> ・成績や評定などの評価の仕事

❷ 学年・学級の仕事（担任・副担任）
> ・ショートホームルームでの伝達　　・提出物等の確認
> ・欠席者への対応（連絡）　・各教科の未提出者等への働きかけ
> ・出欠数の確認　・保護者連携　・掃除指導　・生徒面接　・学年会議

❸ 校務分掌の仕事
> ・自分の担当する校務分掌の仕事　・分掌会議

❹ 部活動の仕事
> ・部活動への参加　・ミーティング等
> ・試合等の調整（申し込み，相手校との調整）

　高校の先生は，上記のような仕事を常に「同時進行」しているわけです。

高校教師に必要な力とは？

　では，今見ていただいたように幅広い仕事をする高校教師ですが，その仕事をうまくやっていくためには，どのような力が必要になるでしょうか。

　私が普段業務をしていて特に必要だと考える具体的な力は，次のようなものです。（勤務校で教わったものに，自分の考えを付け加えてまとめました。）

---
❶ 教科指導力（授業力や教科の専門性を含めて自分の教科を指導する力）
❷ 生徒指導力（規律や自己指導能力の育成を含めて生徒を指導する力）
❸ 学級経営力（学級集団をまとめ，よりよいところに学級全員を導く力）
❹ 進路指導力（大学，就職など多様な進路選択を指導・実現させる力）
❺ 分掌遂行力（与えられた分掌の仕事を適切に遂行する力）

上記5つの力を発揮するには，次のような土台も欠かせません。

---
❶ 人間力（考え方や行動，雰囲気を含めた全人的な力）や人間関係
❷ 熱意・教育的愛情・責任感（教師としてのすべての行動の原動力となる）
❸ コミュニケーション力（生徒や同僚とよい人間関係を築き協働する力）
❹ 挑戦・改善力（困難なことや新しいことに挑戦する力・改善意欲）
❺ 事務・管理力（資料を保管したり，事務的な仕事を適切にこなす力）

　ここまでのことを図にしてみると，右のようなイメージになります。

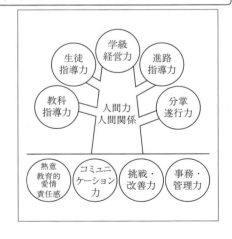

　教師に必要な力は，ごく簡単に言うと，「教師力＝熱意×指導力×人間力（人間関係）」とまとめられるのでは，と考えています。これらは，「実践」「研修」（学びや出会い）「振り返り」を繰り返し続ける中で徐々に大きくなっていきます。

高校赴任が決まったらすること

私たちは，新採用や異動のときには，新しい学校に赴任します。では，高校への赴任が決まったら，どのような準備をしておけばいいでしょうか。

以下に，「高校赴任が決まったら知っておきたい（入手したい）情報」をまとめてみます。

❶ 教育の「目標」やその学校で育てる学力について
- □学習指導要領
- □学校の教育目標
- □大学入試問題（センター試験，国公立二次試験，私立入試問題）
- □模試
- □教科のシラバス

❷ 学校について知っておきたいこと
- □ホームルーム　□進路（進学と就職の割合等）　□年間行事
- □教科（担当学年・科目・目標・評価・方針・ルール・春休みの課題）
- □部活動（担当・練習・試合計画）
- □学年会（目標・方針）　□校則

❸ 「校務分掌」に関して
- □校務分掌（一覧）
- □自分の担当
- □前任者からの引き継ぎ（もしくは資料やデータの保管場所）

❹ 「学級」に関して
- □生徒を知る（調査書：行動・部活・欠席・地域，名前を覚える）
- □学級開き準備（自己紹介・学級づくりの方針・ルール・システム）

＊参考　『高校HRガイドブック　ウォームアップ！HR担任1』（明治図書）を参考にまとめ

私は，新しい学校に赴任したときには，上記のようなチェックリストを使って，手に入れた情報に✓しつつ，その学校の情報をつかむようにします。「現状把握」をすると，早く学校に慣れて働きやすくなるからです。

CHAPTER 1
4 学級担任・副担任の心得（Dos & Don'ts）

学級の担任と副担任には役割があります。心得の一部をご紹介します。

❶ 学級担任の心得

- □生徒とは「一生の付き合い」になると思って，その一年間真剣に付き合う。
- □「熱意をもって」「親身になって」「誠実に」「全力で」生徒と向き合う。
- □教育の原点は，「教師のあたたかさ」や「生徒への教育的愛情」である。
- □「思想が行動に現れる」と思って，思想をよりよくするよう努める。
- □「頼りになる」存在になるため常に努力する。（生徒より勉強。）
- □常に「まだまだ」「さらによりよくなる」と思って努力を続ける。
- □生徒を多様な視点で見る。（得意…勉強，部活，趣味，発表，パソコン）
- □担任は学校教育の最前線。生徒を一番把握している人を目指す。
- □「相談しやすい」信頼関係をつくる。（全員とおしゃべりできる関係から）
- □どの生徒も居場所を感じ，どの生徒も伸びる学級づくりに取り組む。
- □他の教職員と連携する。（例：学年会や保健室の先生，部活顧問。）
- □保護者と協力関係をつくる。（教育の「両輪」「伴走者」である。）
- □自分の学級のことだけを考えない。学年・学校全体のことを考える。
- □生徒が「責任感のある自立した大人」になる支援をしている意識をもつ。

❷ 副担任の心得

- □ホームルームに参加するなどして，担任を補佐し，生徒との関係をつくる。
- □担任が出張で不在でも学級が機能するよう，学級の仕組みを理解する。
- □学級の主は担任であることを自覚し，担任を出し抜くことをしない。
- □自分が知り得た重要な話は積極的に担任と共有して教育に生かす。
- □学級事務を手伝う。（担任から仕事は頼みづらい。自ら声をかける。）
- □学年を支える裏の仕事を担う。（学年会計・行事の担当・学年通信等）

自分が納得する哲学（思想）を増やすことで，豊かな実践につながります。

高校3年間の進路指導イメージをもって指導にあたる

学校に新しく赴任した後に,できるだけ早くしておきたいことの一つに「その学校の進路指導の現状把握」があります。高校での進路指導は学校ごとに大きく異なり,複雑で多岐にわたります。そのため,早いうちに学校の進路指導について把握しておく必要があります。例えば,卒業生がどの程度,どのような大学に進学しているのか,就職しているのか,また,どのような方針や目標のもと,各学年でどのような進路指導を進めていくのか,などです。

次頁には,「高校3年間の進路指導の流れやポイント」と「高校3年間の進路指導の目標(例)」を載せました。学校の方向性と指導の重点が分かるので,その学校の進路指導イメージを早めに確認することをお勧めします。

進路指導イメージをもつまでの手順をまとめると,次のようになります。

❶ 学校の進路に関する情報を得る。
  (進路指導部との打ち合わせや,学年懇談会等の打ち合わせなどで)
❷ 自分が大切と思うことをノートにまとめ,常に参照できる状態にする。
❸ そのポイントを頭に入れて,普段から生徒に声掛けをする。

進路指導のイメージづくりにおいては,ポイントが2つあります。

❶ 「各学年の指導ポイントを理解する」こと
  例えば次頁(下表)では,高2の②と高3の③の指導には,「つながり」があることが分かります。得意教科をさらに伸ばすことは,国公立大学の二次力養成につながるということです。こうした「指導や目標に隠れている論理」を読み解くと,覚えやすく,かつ,納得して指導ができるようになります。
❷ 高校1年生から「バランスのとれた基礎学力の定着」と,そのための「学習習慣」を身に付けさせ,「進路希望を明確」にさせる指導が大切
  進路指導は高3だけではなく,高1から大切なのです。

■高校3年間の流れやポイント

学年	プロセス	備考
高校1年生	①高校の「生活パターン」に慣れる	中学とは授業数も部活動も異なる
	②「将来」について考える	興味・関心・適性・仕事は？
	③「文理選択」をする	大学受験や将来に関わる分岐点
高校2年生	①「志望大学・学部」を絞り込む	進路や興味ある分野が学べる学部
	②「大学入試」を理解する	国公立，私立，推薦等の選抜方法
	③本格的な「受験勉強」の開始	予復習や考査対策が受験に通じる
高校3年生	①高3の「夏休み」は受験の天王山	オープンキャンパスでやる気向上
	②受験日程や出願等の「事務作業」	事務はぬかりなく進める
	③「受験本番」	実力発揮にはインフル対策も

＊参考　『Benesse マナビジョン』（保護者版）
http://manabi.benesse.ne.jp/parent/

■高校3年間の進路指導の目標（例）

学年	目標（例）
高校1年生	①規則正しい**生活習慣と学習習慣**を身に付けさせる。
	②教科バランスのとれた**基礎学力**の定着をはかる。
	③将来の**進路希望**を明確にさせる。
高校2年生	①**学習習慣を確立**させ，学習量を増加・保持させる。
	②**得意科目の実力を養成**する。
	③**希望する学問分野**について強い興味・関心をもたせる。
高校3年生	①**教科バランス**のとれた実践力を養成する。
	②個々への丁寧な指導により，**希望進路への意欲を維持**させる。
	③得意科目を中心に，**二次試験科目に対応できる実力**を養成する。

＊勤務校の進路指導を参考に作成

学校は4月1日から慌ただしく動き出す

学校は4月1日から慌ただしく動き出します。ある年の4月1日の時程を示してみます。全体で様々な会議が多く入っていることが分かると思います。

8:20	転任者辞令交付
8:40	職員朝礼　転任者・新規臨採者紹介
	学年・部・教科で各種準備
11:30	辞令交付　主任・主事（分掌・学年），教科主任
12:00〜12:35	校務運営会議 　職員会議で周知することについて
13:20	職員会議 　議題：勤務時間，学校ビジョン，学校評価自己評価表，校務運営規定，組織図，校務分掌，委員会，部活顧問，職員名表，就任式，始業式・入学式，年間行事計画，4月当初日程，時間割編成，歓送迎会，同僚会規定　等
14:30	学年会議　学級分け最終決定，会計等の係決め
15:10	分掌部会　校務分掌一覧担当の決定
15:40	教科会　担当授業の決定，副主任の決定

4月1日は，職員が全員そろうまでは全体会議ができないので，この日の午前中は，会議なしで準備時間があります。この時間は大切で，教科の仕事や各自の仕事をすることができます。

例えば私は例年この日に，「ノートに年度当初の予定を貼る」「授業開きのプリント作り」等を行っています。

午後からの全体会議では，学校のビジョンや勤務形態などについての全体的な説明と，各分掌や教科での仕事の割り振りが中心になります。毎年，出来る範囲で積極的に新しい仕事を引き受けるとよいでしょう。新たな経験をしたり，学校運営の仕事について学んだりするチャンスになります。

学級担任の一日の仕事

高校の学級担任は、普段どのような一日を過ごしているのでしょうか。ある一日の様子を以下にまとめてみます。

出勤	□挨拶する。□ゴミを拾う。□保護者連絡を受ける。 □授業などの準備をする。
職員朝会	□生徒に伝える連絡事項を確認する。（予定や注意事項等） □配布物や小テスト（あれば）をすぐに渡せるように準備をする。
ホームルーム	□笑顔で入室し、教室全体の雰囲気を感じ取る。□出欠確認をする。 □個々の生徒に挨拶しながら、生徒の表情を確認する。（体調や心理） □連絡や注意事項などを伝える。（重要なことは簡潔に板書する） □全体や個別に提出物等を促す。□教室環境の確認をする。
授業	□授業をする。□生徒の様子を観察する。□規律やマナー指導をする。
休憩時間	□廊下で出会う生徒には（基本的に全員）声をかけるようにする。 （生徒の変化をとらえて声かけする。声は生徒の成長の「肥え」である。） □授業の準備をする。□提出物等の確認をする。□先生方と連携する。
昼食	□昼食後に、生徒の面接や相談等を行う。
掃除	□掃除分担箇所で、清掃の心構えややり方を教える。 □時々、担当箇所以外も訪れ、生徒の清掃の様子を確認する。
ホームルーム	□翌日以降の連絡事項を伝える。□その日一日の労をねぎらう。 □提出物や放課後学習がある生徒には、それらへの参加を促す。
放課後	【学級・学年・全体】□会議に参加する。□欠席者に連絡する。 □生徒の相談に応じる。□一日の記録をする。□情報交換をする。 □学級日誌にコメントを書く。□教室の施錠や整頓の確認をする。 【教科】□授業の準備をする。□補習・再テスト・採点等をする。 【分掌】□分掌など担当の仕事を進める。□行事の準備をする。 【部活動】□部活動に参加する。□部活事務をする。□事故対応をする。

学級担任の仕事術の基本

　教師は抱えている仕事が多く，常に時間不足の状況にあります。学級担任をするとさらに，すべきことは多くなります。回収物を確認したり，提出状況を入力したり，他の先生方と連携したりするなどです。

　そこでここでは，事務処理などの仕事を早く，確実にするための基本的な考え方を5つご紹介します。これらを身に付けると，同じ仕事を短時間ででき，生徒や同僚の先生方との話や創造的な仕事に時間を使えるようになります。

その場主義	その場でできる仕事は，その場で終わらせてしまう。 　例）文化祭や体育祭などの教員アンケート… 　→配布された瞬間に記入して会議後には提出する。 　例）提出物は生徒が○をする。（p.22参照） 　例）資料は一時保管場所に置かず，すぐに元に戻す。
予定主義	その場でできないことは予定に書き，別日を確保する。 （スケジュールに書き込んでいないことは実現しない。）
同時主義	同じような仕事は，まとめて一気にやってしまう。 　例）単語テストや授業プリント，問題集の解答の印刷… 　→複数回を一気に作成・印刷してしまう。 慣れるまでは時間がかかり「今まで通り一つずつ…」と考えがちだが，「一気にやる」を続けると仕事が早くなる。
整理主義	重要な情報は分類して保管し，不必要なものは処分する。 （物探しに時間をかけない。必要な情報にすぐアクセス。） 　例）指導案など自分が作ったものは保管しておく。 　　　自分の担当以外の書類で一過性のものは処分する。
一元主義	メモもスケジュールも一元化する。（そこを見れば分かる。） （付箋やノートなど別々に書くと見落とす可能性あり。）

CHAPTER2 新年度準備の仕事術

「準備リスト一覧」を作って仕事を進める

　4月1日から入学式，始業式が始まるまでの期間は，形式上は「春休み」ですが，学級担任にとっては大変忙しい1週間になります。教科の準備もあれば，学級担任として学級開きに向けた準備もあります。また，スタート期でもあるので，会議や提案資料作りもたくさんあります。この時期は，学級や教科のシステムをつくり上げる準備をする時期なので，仕事は多くても確実にやっておく必要があります。システムを動かすのは最初が勝負だからです。一度動きだした集団を，別の方向に向けるのは相当な労力が必要になります。
　そのために大切なこの時期。するべき準備に漏れがないようにするには，次のページのようなチェックリストを作って順番に行うと安心です。

1 » 手順

❶ すべきことをすべて挙げる。
❷ それらを一覧にまとめる。（右の一覧に加えて，教科の準備もある。）
❸ できたものをチェックしながら滞りなく進める。

2 » 留意点・工夫

●チェックリストは，必要なものを加えて毎年更新するとよい。
　（自分の担当する仕事や分担によっても，準備リストは異なる。）
●チェックリストは，「すること」だけでなく，「いつするか」も決めると，仕事を確実に終わらせることができる。
●チェックリスト一覧があれば，必要な業務を他の人と分担して取り組むこともできる。（私はこれをやります。先生はこちらを…。）
●他の担任の先生方も同じような仕事をされることになるので，作ったチェックリストを渡すと，すべきことが分かって喜ばれる。（組織への貢献）

担任が新年度に行う準備（一例）

❶ 新年度に向けた担任の仕事（CHAPTER 2 掲載情報） ✓

□「氏名印」の横に出席番号を書く（p.20参照）	
□生徒用の「提出物確認ファイル」を作る（p.22参照）	
□「自己紹介・面接シート」を作る（p.24参照）	
□「出席簿」に一年間分の日付を書く（p.27参照）	
□「日直の仕事」を明確化する（p.28参照）	
□「学級の係」を一人一役にする（p.30参照）	
□担任する生徒名をパソコンに「単語登録」する（p.32参照）	
□生徒名はマグネットシートで「ネームプレート」（p.34参照）	
□リサイクルのゴミ箱には「ふた」をする（p.36参照）	
□「教室環境」を整備する（p.38参照）	

❷ 入学式・始業式に向けた担任の仕事（CHAPTER 3 掲載情報） ✓

□出会う前に「クラス全員の名前」を覚える（p.40参照）	
□「特に支援を要する生徒」への配慮を学んでまとめる（p.41参照）	
□生徒の「学習・生活のルール」をまとめガイダンスする（p.44参照）	
□「どのような学級」を目指すのかを考える（p.46参照）	
□学級開きの自己紹介は「スケッチブック」が役立つ（p.48参照）	

❸ その他 ✓

□年間の行事予定を頭に入れる（生徒に説明できるように）
□学年会議（方針・当面の行事・学級開きの内容）
□学級環境整備 　□教室掃除　□廊下　□掲示物・画鋲　□掃除道具入れ 　□ロッカーと（番号）シール　□傘立て　□教卓　□生徒机の数 　□落書き　□本棚　□座席表　□机の前足に印　□出席簿 　□校舎配置図　□黒板メッセージ

CHAPTER 2　新年度準備の仕事術

CHAPTER 2
「氏名印」の横に出席番号を書く
―使った後に順番通りに戻しやすい―

　学級担任をしていると，指導要録やその他の書類に生徒の氏名印を押印することがあります。この氏名印は通常，「印箱」の中で出席番号順に保管します。このときに，先輩から教わった、氏名印を使った後に戻すのがとてもスムーズになる方法があります。一つ一つの氏名印の横の部分に「鉛筆」で出席番号を書いておくのです。こうすると，押印するときや，使った後に印を箱に戻すときに一つずつ出席番号を確認する手間が省け，かなりの時間短縮になります。

1 》手順

❶ 氏名印を出席番号順に並べる。
❷ 氏名印の横に出席番号を鉛筆で書く。（あとで消せる）

2 》留意点・工夫

● 出席番号を書くのは氏名印の横。外から見えるところに書いておくことで，並べたときにも数字が見えて並べやすくなる。
● 出席番号は，印鑑の横の部分に書く。1年生は一番上，2年生ではその下にというように書くと，3年間分の出席番号を書くことができる。
● 一度出席番号を書いておくと，順番がバラバラになったりして不安になっても，番号を見ればすぐ正しい順番に並べ替えることができるので，仕事上の効率だけでなく，教師の精神衛生上にもよい。
● 氏名印は，卒業するときに生徒に返すことになるので，出席番号を書く場合は，ボールペンでなく，「鉛筆書き」しておくようにする。
● 氏名印に出席番号を書くのは，年度当初。この時期は担任はすることが多いので，副担任の先生の協力を仰ぐことができれば，記入をお願いすることもできる。

生徒氏名印を入れた印箱を横から撮影したもの

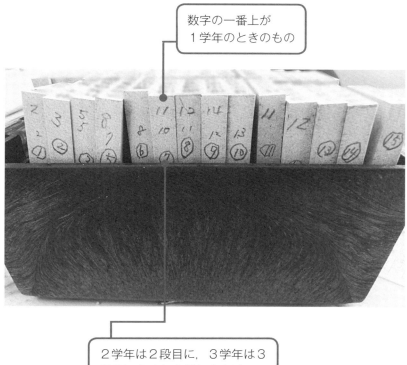

数字の一番上が
1学年のときのもの

2学年は2段目に，3学年は3
段目に書くと3学年分書ける

CHAPTER 2　新年度準備の仕事術

生徒用の「提出物確認ファイル」を作る ―担任の○つけ作業を短縮―

　学級では，生徒の提出書類や課題を集める機会がたくさんあります。特に新学期は回収書類が多いです。未提出者の確認は大切ですが，提出物を集めるたびにどの生徒が出して，出していないかを担任が一つずつ名簿にチェックしながら確認するのは膨大な時間が必要です。

　そこで提出物ファイルを先に作り，提出した生徒が自分で○をする仕組みにします。こうすると先生の仕事はたった3つです。「名簿の欄に提出物名を書くこと」「提出したら○をするよう生徒に伝えること」。そして，「○がついていない人の名前を呼び上げて提出を促すこと」です。仕事量の激減です。

1 » 手順

❶ A4かB5のファイルを入手する。（「提出物ファイル」と命名する。）
❷ そのファイルに，生徒名が印刷された名簿を数枚ファイルする。
❸ ファイルにボールペンをヒモでつないでおく。（すぐに○ができる。）
❹ 提出物のたびに，提出物名を書き足し，「出したら○を」と呼びかける。

2 » 留意点・工夫

● ファイルには生徒名簿をはじめから3枚ほどはさんでおく。次から，はさむ手間が省ける。最新のものを一番上にすると生徒は○をしやすい。（チェック欄がいっぱいになった古い名簿は後ろにまわして保管する。）
● ボールペンをファイルにつけるためには，ファイルにパンチで一つ穴を開け，そこに黒いひもでボールペンを結びつけておくとよい。
● ファイルに，透明ファイル（百円ショップで購入可能）をはさんでおくと，出欠票など小さなものを一時的に保管することができるので便利。
● ファイルは常に教卓の中に保管しておけば，必要なときにすぐ使える。

提出物確認ファイル（表紙）

提出物確認ファイル（内側）

ボールペンと透明ファイルをつける（さらに，学級名簿をはさむ）

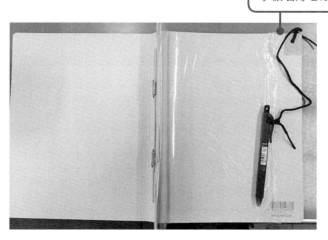

「自己紹介・面接シート」を作る
—適切な指導は生徒を知ることから—

　生徒に適切な指導をするには，その生徒について知ることが欠かせません。情報があればあるほど，生徒の背景までを含めて生身の人間として立体的に見ることができるからです。言葉かけも変わります。生徒の情報を知る一つに，「観察」「面談」等で直接聞く方法があります。（p.65参照）新学期には，「担任への自己紹介」をかねて，担任が知りたい項目を書いてもらう方法もお勧めです。アレルギー等の項目を設ければ，合宿などでも役立ちます。また，個人的な抱負に加え，どのような学級をつくりたいかなどを書かせることで，生徒が何を考え，希望しているのか，学級づくりに役立たせることもできます。

1 》手順

❶ 生徒について知りたい項目を書き出す。（次頁参照）
❷ それらをまとめて，自己紹介・面接シートを作る。
❸ ホームルームの時間などに書かせて，その場で回収する。（紛失防止）
❹ 提出させてファイルに綴じる。（カギのかかる場所で保管する。）
❺ 面接した情報や気づいたこと，欠席理由などを記録する。

2 》留意点・工夫

● シートの裏には，「面接や気づきをメモする欄」を印刷しておく。（p.26参照）その生徒の指導記録や，欠席理由，よかったこと，気づきなどを書き加えることができる。年度末に書く指導要録の記入にも役立つ。
● クラス全員分のシートをファイルに綴じるときは，一人ひとりにタックシールをつけると検索が早い。タックシール貼りは時間がかかるが，やっておくと次回以降の作業時間をかなり短縮できる。
● 三者懇談等でもこの記録簿にメモするが，進路情報などは一覧にしておくとさらに活用しやすい。（p.74参照）

自己紹介・個人面接シート表

> どの学年でも使える。

自己紹介・個人面接シート

① 氏名（組・番号）　　（　）年（　）組（　）番　名前（　　　　　　　　）
② 誕生日　　　　　　　平成（　）年（　）月（　）日生まれ
③ 住所　　　　　　　　〒　　－　（　　　）市
　　　　　　　　　　　■出身小・中学校　　　　市立　　　　小学校　　　　中学校
④ 電話番号　　　　　　市外局番（　　　）－（　　　）－（　　　）
⑤（本校在籍の）兄弟姉妹（学年・名前）
⑥ 将来の夢【重要】　　仕事：
⑦ 進路希望（○をする）　（1）国公立4大（2）私立4大（3）国公私立短大（4）専門学校（5）就職
⑧ 希望学部・学科系統
　　（○をする）　　　　（1）文学　（2）人間関係・心理　（3）外国語・国際　（4）法学・政治学
　　　　　　　　　　　（5）経済・経営・商学　（6）社会学・社会福祉　（7）教育・教員養成　（8）総合科学　（9）理学　（10）工学　（11）生物・農学　（12）医学・歯学・薬学
　　　　　　　　　　　（13）看護・保健　（14）生活科学　（15）芸術　（16）体育　（17）その他

◆具体的な志望校・学部学科（第1～3まで書く）

	学校名	学部・学科	志望理由
第1志望			
第2志望			
第3志望			
進路についての保護者の方の考え			

⑨ 自宅学習時間（1日平均）平日[　　　　]　土・日[　　　　]
⑩ 塾・予備校の有無　　無・有（　　　　）塾　教科・曜日（　　　　）
⑪ 部活動（クラブ名）　無所属・（　　　　）部所属　部活に（ほぼ出ている・あまり）
⑫ 趣味・好きなこと（複数可）
⑬ 食べ物　　　　　　　好きなもの：　　　　　　　アレルギー等：
⑭ 健康面での不安　　　（無・有）：状況
⑮ 日常生活（平均）　　帰宅（　：　）　就寝（　：　）　起床（　：　）
⑯ 朝食をとる割合　　　・ほとんど食べない・毎日必ず　＊週（　　）日くらい
⑰ テレビ・パソコンをする時間　平日　1日約（　　）時間　・休日　1日約（　　）時間
⑱ 携帯電話　　　　　　・持っている【1日の合計使用時間（　　　　）分】・持っていない
⑲ 今年の抱負

学習	
部活・校外	
どんなクラスにしたいか	

⑳ 担任への連絡・知っておいてほしいことや悩み（健康面，友人関係，家庭のことなど）・聞いてみたいこと等

CHAPTER 2　新年度準備の仕事術

自己紹介・個人面接シート裏

面接等のやり取りや指導の記録をメモする。

名前	
電話	（　　　　）ー（　　　　）ー（　　　　）
月日	面　接　記　録　等

「出席簿」に一年間分の日付を書く
—毎朝が楽になる—

　春休み中に行っておくとよい準備の一つに,「出席簿」の日にち付けがあります。通常,出席簿に関する準備と言えば,生徒名を出席簿に押印したり名簿を切り取ったりして,生徒名を出席簿にうつすことです。私はさらにもう一歩先まで行います。それは,春休み中に一年間分の日付を出席簿に一気に書いてしまうことです。最初にすべて日付を書いてしまうと後で変更があったら修正できないと思う方もおられると思いますが,大丈夫です。学校の活動は,4月当初の年間行事予定にしたがって行われるので,学校行事や休業日が変更になることはほとんどありません。(あるのは,台風などで緊急に休校になることくらいです。)

　最初に一年分の日付を書くことは,多くのメリットがあります。(下記参照)

1 » 手順

❶ 4月から3月までのすべての課業日に日にちを振る。
❷ 休業日については,学校で指示された方法で斜線等を引く。
　例)祝日は赤線で,長期休業日などは黒線で斜線を引くなど。

2 » 留意点・工夫

● 日付を書くとき,ページを飛ばして書かないように注意する。
　(空白ページが入ると,最後にページ数が不足することもある。)
● 日付を先に書くメリットは,「朝のショートホームルームでその日の記入をする必要がない」「万が一書くのを忘れても(忘れてはいけないが),すぐに気づける」「最初に一年分書くことで,一年間を概観できる」こと。たとえば,「ああ,今年の夏休みは7月○日からか」「夏季補習は○日あるんだな」「月曜日は祝日や振替休日でけっこう休みが多いな」「文化祭の代休はこの日なんだな」「最後は3月○日なんだな」と年間の見通しをもてる。

「日直の仕事」を明確化する
—すべきことが明確に分かる—

　私は，高校に勤務する前は中学校に勤務していたので，高校の「日直の仕事」は中学校に比べて少しあいまいだなと感じることがありました。例えば，日直の主な仕事は，「黒板消し」や「日付を書くこと」などで，その他の仕事は担当する日直によって異なることもありました。そこで，誰が日直になっても同じ仕事ができるようになってもらいたいと思って日直の仕事を明確化したところ，どの生徒が担当しても確実に仕事ができるようになりました。

1 » 手順

❶ 日直が行う仕事をすべて書き出す。
❷ それらをまとめて一覧にする。（次頁参照）
❸ 日直の仕事を全員に周知し，日直日誌にも貼っておく。（「見える化」）

2 » 留意点・工夫

● 日直の仕事をまとめたプリントは，学級日誌の表紙などに貼っておく。日直は毎日の記録を学級日誌に書くときにそれを見ることができる。大切なのは，「誰がいつ担当してもそれを読めば仕事が分かる」状態にすること。
● 日直の重要な仕事である日直日誌は，毎日帰りのショートホームルームで担任に手渡しをするか，まだ書けていない場合は，放課後職員室に持参するよう伝えておく。これを伝えていないと，教卓に置いたままになる。こうなると，その日のうちに日直日誌にコメントを書くことができない。
● 教師は，日直日誌のコメントをたくさん書く。熱意や本気度が伝わる。
● 日直日誌の感想は，3月の「最後のホームルーム」でも活用できる。行事後の日誌をデジカメで撮影し，「思い出スライドショー」の写真にはさみ込む。生徒によっては，「すべての日誌をデジカメでとって記念に皆に配ってほしい」という人も出るほど好評である。（職場の先輩に教わった方法。）

日直の仕事一覧

今日の日直はあなたです。― 日直の「5つ」の仕事 ―

＊日直は，次の5つの仕事をお願いします（やり方は，下をよく読んでください）。
＊不備があった場合は，翌日もよろしくお願いします。
（正しくやりきって達成感を得て，次の人にまわしましょう。）

■【授業前後】
(1) 黒板消し
○授業前後，すぐに板書を消す。

■【帰りのSHR後】
(2) 学級日誌
○その日の学級情報を残すため，学級日誌に「詳しく」記入する。
○「記事欄」：その日に伝えられた「伝達事項・行事予定等」を書く。【重要！】
○「感想欄」：いっぱいに書く（4行目まで）。【重要！】
○帰りのSHRまでに記入しておき，担任に提出する。

(3) 日付
○明日の日付・曜日を黒板にていねいに書く。

(4) 窓閉め
○教室，廊下の窓締めをする。特に，高いところの窓の鍵も忘れずに。

(5) 次の日直名を貼る
○ネームカードを使って，次の日直名を黒板に貼る。

生徒が書いた学級日誌（例）

日直の仕事一覧は学級日誌の表紙に貼っておく。

CHAPTER2 7 「学級の係」を一人一役にする
—不公平感なく担任は助かる—

　春休みには，委員会や学級の係などを決める準備をしておきます。新年度がはじまるとすぐに，各学級で委員会や学級の係を決めるようになるからです。委員会や係は，できるだけ全員が担当するように仕事を割り振りします。（「一人一役」のイメージ。）全員で仕事を分担している意識をもつことができると不公平感も出ないし，指導要録の欄に全員分記入することもできます。

　学級の係は，「各教科」に加えて，「総合的な学習」係や「修学旅行」係，「掲示」係や「書記」係などもあるとよいでしょう。生徒に好評なのは Help 係。何かヘルプが必要と担任が思った時に，例えば，「教室の蛍光灯が切れたので事務室から新しいのを持ってきて」などの頼みごとに応える係です。生徒はおもしろがってなってくれます。担任としても，助かる係です。

1 » 手順

❶ 自分の学級で必要な仕事を書き出してみる。
❷ 学級の生徒数に応じて，仕事の期間や人数を割り振る。
❸ 学級で希望を募る。全員，何らかの役を担当する。（p.60 参照）
❹ 決まったら書記に記録してもらい，教室に担当者名を貼っておく。

2 » 留意点・工夫

● 係を決めるときは，教師が係名と人数を板書する。その後，生徒は希望の係に自分のネームプレート（p.34参照）を貼る。（自分の名前を書くよりも，ずいぶん時間を短縮できる。）
● 係が決まったら書記が写して教室掲示をする。担任はそのコピーを保管する。（必要になった場合に備えるため。）

学級係分担表

●年●組　学級の「係」分担表（３２人用）

	1学期	2学期	3学期
英語(2人)			
数学(2人)			
国語(2人)			
他教科(2人)			
総合(1人)			
修学旅行(3人)			
掲示(1人)	4月～	10月～	
書記(1人)			
Help!(1人)			

CHAPTER 2　新年度準備の仕事術

CHAPTER 2
8 担任する生徒名をパソコンに「単語登録」する―名前の入力が早くなる―

　教員は，担任している学級の生徒や部活動の生徒など，パソコンで生徒の名前を打つことが時々あります。このとき，生徒名をパソコンに「単語登録」しておくことをお勧めします。単語登録とは，例えば，「かみやま」というひらがなを打つと，自動的に「上山晋平」という漢字に変換される仕組みです。変換時間を大幅に短縮でき，なおかつ，難しい字でも間違えることなく打ち出せます。最近は難しい漢字を使った名前の生徒も多いので，いったん単語登録をしておくと，三者懇談の名前入りのお知らせや，部活動などで大会登録するときなどにも役立ちます。

1 》手順

　姓と名をパソコンに単語登録する方法は以下の2つがある。それぞれのやり方は，次のページで詳しくまとめる。以下では簡単に紹介する。

❶ 一人ずつ単語登録する方法
　例)「読み方」に「かみやま」,「変換する漢字」に「上山晋平」と登録する。

❷ 大人数を一括で単語登録する方法（詳細は次頁参照）
　例）　かみやま　　上山晋平　　人名
　　　　みやざき　　宮崎晶子　　人名
　　　　やまおか　　山岡太郎　　人名

2 》留意点・工夫

●単語を入力するときの「読み方」は，同姓の人が他にもいる場合は，「苗字と名前の1文字」にするとよい。
　　　上山晋平　　→かみやまし
　　　上山耕平　　→かみやまこ

一人ずつ「読み方（入力文字）」と「漢字」を入力する方法

①すでにある名簿から学級の生徒名（1名）をwordなどにコピーする。
②画面一番下のバーの「ボックス（箱）」の形をしたバーをクリックする。

③「単語／用例の登録」をクリックする。
④「読み」を入力する。例えば，「かみやま」と入力する。
⑤「語句」に表示させたい生徒名（例えば，「上山晋平」）を入力する。
　「かみやま」と入力すると，自動的に「上山晋平」と表示してくれる。
注）入力時は，①のコピーした漢字をコピー＆ペーストすると漢字間違いがない。

大人数を一括で単語登録する方法

1学級分の生徒など大人数を一括で登録する便利な方法がある。

①「メモ帳」を起動する。（スタート→すべてのプログラム→アクセサリ）
②「読み方（入力文字）」「生徒名（漢字）」「人名」の順に入力する。

　　例）かみやま　　上山晋平　　人名
　　　　みやざき　　宮崎晶子　　人名

　各項目は，スペースでなく，Tabを押して区切る。（列をそろえる。）
③「名前をつけて保存」する。（「○年○組　生徒名」等の名前）
④「ツールバー」（画面右下にある虫眼鏡の右にあるボックス〔箱〕の形）から「ユーザー辞書ツール」をクリックする。
⑤「ツール」から「テキストファイルからの登録」をクリックする。
⑥先ほどのメモ帳を選択し，開くボタンをクリックする。
⑦結果が表示される。（○件成功，□件失敗。）

生徒名はマグネットシートで「ネームプレート」 —用途は多数—

学級担任は，生徒名を板書する機会が多くあります。日直や欠席者の名前を書いたり，学期ごとの役員や運動会などの役決めをしたりするときです。生徒が自分で黒板に板書する方法もありますが，他人の名前を書く場合には，漢字が分からなかったりして時間がかかります。そんなとき，時間をグッと短縮できるよい方法があります。それは，生徒名を印刷した「ネームプレート」を作成してそれを貼らせることです。こうすると日直名を貼るときはもちろん，学期ごとの役員や体育祭などの係決めなど，大勢が同時に名前を書かないといけないときにも非常に早く貼り終わります。生徒が書くよりも貼る方が何倍も早くなります。作ったネームプレートは，普段から小黒板の隅に貼っておくと，日直などで名前を貼りかえる作業もしやすくなります。（次頁参照）春休みのうちに，ネームプレートを作っておくとよいでしょう。

1 » 手順

❶ 生徒名を word 等で入力する。
❷ 次のどちらかの方法で，ネームプレートを作る。
　①通常の紙に生徒名を印刷して，それをラミネートして補強する。
　②マグネットシートを購入して（百円ショップで購入），直接印字する。

2 » 留意点・工夫

● ラミネートする方法だと，裏にマグネットをつける必要がある。
● マグネットシートは，マット紙タイプが印刷がきれい。
● マグネットシートの印刷は，インクジェットプリンタでできる。
● マグネットシートを普段から黒板に貼っておく場合は，念のためいたずらをしないよう事前に全体に注意をしておく。
● マグネットシートには，出席番号も併記しておく。（並べ替えが早い。）

生徒名の例（フォントは72）

1	赤木	慶介
2	市川	理沙
3	上田	俊介
4	江草	美奈
5	小川	洋司
6	神原	啓子
7	小林	志保
8	斎藤	一馬

マグネットシートは百円ショップで購入可。A4・1枚のシートに8人分印刷可能。

＊名前は仮名。

ネームカードを貼っている様子

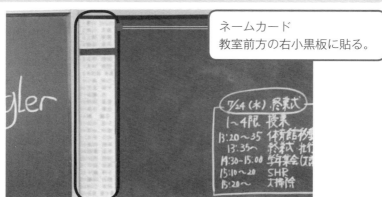

ネームカード
教室前方の右小黒板に貼る。

CHAPTER 2　新年度準備の仕事術

CHAPTER 2
10 リサイクルのゴミ箱には「ふた」をする―注意軽減―

　教室にはゴミ箱が設置されています。「燃えるゴミ」を入れるゴミ箱だけの場合もあれば，リサイクルのことを考えて「プラスチックゴミ」を入れるゴミ箱を置いている学校もあるでしょう。（または，「燃えないゴミ」。）

　教室にゴミ箱が２つあると便利ですが，問題も生じます。それは，プラスチックゴミ用のゴミ箱に，燃えるゴミを（間違って）入れてしまうことです。例えば，鼻をかんだ後のティッシュペーパーや，汚れがついている弁当パックなどです。間違っているものを，他の人が正しく分別し直すのは大変です。

　そこで，どうしたら燃えるゴミを「プラスチックゴミ」箱に入れないかを考えて，プラスチックゴミ箱に「ふた」を作ることにしました。これで生徒は捨てる前に，いったん「ふた」で「邪魔」をされることになるので，どちらに捨てるべきか考えるようになります。結果，ゴミの混在問題と注意が激減します。

1 » 手順

❶ 学校のゴミ捨て規定などに基づいて，プリントを作る。（次頁参照）
❷ 長期間の使用に耐えられるように，ラミネートする。
❸ ゴミ箱のふたに，セロテープなどで貼りつける。
❹ 学級の生徒に意味や意義を伝え，協力を呼びかける。

2 » 留意点・工夫

● この１枚をゴミ箱の口に貼るだけで，ゴミの分別がうまくいく。
● 生徒には何のための分別か，意義をしっかり伝えて理解してもらう。
● 別の学級の分も一緒に作って渡すと喜ばれる。
● 「燃えるゴミ」と「燃えないゴミ」で分別するときも，この考えを応用することができる。（「燃えないゴミ」の方だけに「ふた」を作る。）

プラスチックゴミの投入口にかぶせておく

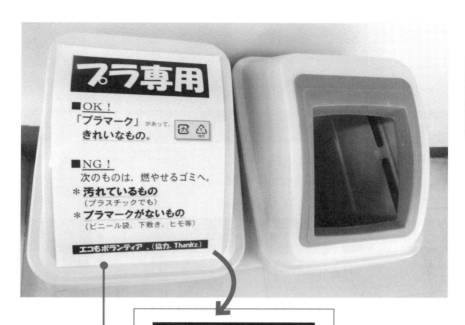

セロハンテープで上部をとめる

CHAPTER2 11 「教室環境」を整備する
―リストでもれなく仕上げる―

新年度開始前には，教室の環境整備を行います。教室整備ですることはけっこう多く，おろそかにできない大切なことなので，必ずしておきたいことはリストにまとめておくと，もれなくできて重宝します。

1 » 手順

❶ 教室準備でしておくべき準備をリスト化する。
❷ リストに従って教室環境整備をする。
❸ 必要なリストは加えるなど，毎年リストを更新する。

2 » 留意点・工夫

● 教室環境整備は入学式や始業式などの直前にすると大変なので，少し余裕をもって早めに取りかかるとよい。
● 教室整備はすることが多いので，協力を得られれば，副担任の先生と一緒に協力して行ったり，別の学級の担任と同時に行ったりするとよい。
● リスト以外の項目も，必要なことは空欄に追記して取り組む。
● 新入生を迎える担任は，挙げられている項目以外にも，座席表や当日の流れ，メッセージ等を板書するなど，すべきことが多くある。
● 床には，「机をそろえるための印」をマジックで書いておく。油性マジックで書くのは，躊躇する方もいるかもしれないが，生徒が自然に教室で生活するだけで1～2か月で自然に薄くなるので大丈夫。これを書いておくだけで掃除時間の「机そろえ」が圧倒的に早く，きれいになる。印が消えそうになれば再度掃除時間に油性マジックを使って書いておく。年度の終わりには雑巾を使って消しておけばいい。日々の生活でも，帰りのホームルームの最後に「席を印に合わせて」と言うだけで机がきれいにそろう。

新年度開始前の教室環境整備リスト

□教室の掃き掃除	□廊下の掃き掃除
□机拭き（落書きがないか確認）	□ロッカー拭き
□ロッカーの番号シールの確認	□掃除道具入れ
□壁に掲示物や画鋲がないか確認	□チョークがあるか確認
□雑巾立て・クリーナー	□教卓を拭き，中を確認
□人数分の生徒机があるかを確認	□校舎配置図を掲示
□教室の本棚整理	
□	□

□床に机をそろえる 『(カギ) 印をつける

机がきれいに短時間でそろう

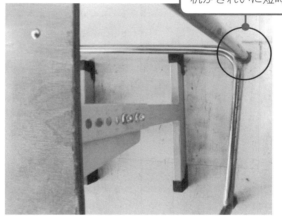

【プラス】新入生を迎える場合の準備

□座席表を黒板・教卓に貼る

□黒板メッセージを書く（新入生）

□提出物一覧や本日の動き，入室後の動きを板書する

□

CHAPTER3 入学式・始業式の仕事術

出会う前に「クラス全員の名前」を覚える

教育をするうえで、生徒名を覚えることの大切さについて異論はないでしょう。ただし、「多くの名前を覚えるのは得意でない」方も多いかもしれません。特に、まだ会ったことのない生徒名を覚えるのは大変です。しかし、生徒と出会う学級開きまでに頑張ってクラス全員の名前を覚えてみると、生徒との関係づくりにおいてとても効果が大きいことが分かります。はじめて会った先生がすでに（影で努力して）自分の名前を覚えてくれている。これは、生徒にとって驚きでうれしいことです。よい関係を築くきっかけになります。

1 » 手順

❶ 教師側から教室を見た座席表を作る。（右参照）
❷ そこに生徒名を出席番号順に書き込む。
❸ 書き込んだ「名前」と「座席」をセットで覚える。
座席で名前を覚えておくと、「その場所に座っているのは●●くん」というように、顔が分からなくても生徒の名前を呼ぶことができる。（生徒は驚く）

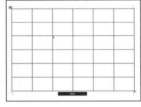

2 » 留意点・工夫

● 昨年度の個人写真が入手できれば、その座席表に写真を貼りつけ、「顔」と「名前」と「場所」をセットで覚えると、さらに覚えやすい。
● 生徒名を音読したり思い出したりするなど、覚える練習を何度もする。
● 生徒名だけでなく、中高連絡会議などでの引き継ぎ事項も頭に入れておく。入学式後のホームルームが終わった後など、保護者が担任のもとに来られて、個人的な事情を話されることもある。そのときに名前を覚えておくと、すぐに対応できる。また生徒名を覚えておくことは、生徒の人間関係を把握したり、言葉かけや態度の観察をしたりするときにも役立つ。

「特に支援を要する生徒」への配慮を学んでまとめる

特別な支援を要する生徒が「通常」学級に多く存在していることは，すでに広く認知されているでしょう。文科省が2002（平成14）年に実施した，「通常の学級に在籍する特別な支援を必要とする児童生徒に関する実態調査」では，次のような報告がなされています。

□ LDのように「学習面」に困難のある児童生徒が4.5％
□ ADHDや高機能自閉症のように「行動面」に困難のある児童生徒が2.9％
□ その「いずれか」もしくは「両方」に困難のある児童生徒が6.3％の割合で小中学校の通常の学級に在籍している。

単純化すると，「発達障害のような特別な支援を必要とする生徒は1学級（30～40人）に2～3人在籍している」ということです。すべての教員が特別支援に関する知識や具体的な対応策を知る必要があるのです。（具体的な支援の例は，p.43参照）目的は生徒の「ラベルづけ」でなく，よりよい指導です。「特別支援を必要とする生徒に優しい授業は他の生徒にも優しい」という言葉もあります。担任は，必要に応じて他の教員に具体的なお願いも必要になります。

1 » 手順

❶ 前担任や出身中学校との連絡会議などで生徒の状況を把握する。
❷ 特別な支援が必要であれば，関連する情報を書籍等で調べる。
❸ 学年会や授業を担当する先生にも具体的な対応策をお願いする。

2 » 留意点・工夫

● ある年の連絡会議で，「コミュニケーションがとりにくい」「こだわりがある」「授業中でも話を聞かず好きなことをする」症状をもつ生徒の報告を受けた。「アスペルガーの症状に近いかもしれない」と考え，アスペルガー症候群について調べて，学年会に報告したことを次に紹介する。

各症状の特徴や対応策のまとめ方例

具体的な対応法も明記する。

❶ 特　徴

「自閉症」	「コミュニケーション」「社会性」「想像力」の３つに障がい。
「アスペルガー」	上記特徴のうち，「コミュニケーション」の障がいがないもの。（「社会性」「想像力」に障がいはあるが，言葉の発達に遅れはない）【特徴例】「友人とのトラブル」「意図や背景を理解しないで言葉をそのまま受け止める」「約束は忘れない」等

❷ 障がい例（具体）

「社会性」の障がい例	□場が読めない　□冗談や比喩が通じない □人の思いや感情が読めない　□トラブルが多い
「想像力」の障がい例	□慣れない場所や予定変更が嫌い　□聴覚，視覚，触覚過敏（鈍感）□好きなことは集中（興味がないものは集中不可）

❸ 対応

「社会性」の障がい対応	言葉の意図や背景を理解せず直接受け取りこだわるので， □言葉に注意する（冗談やたとえ話は通じない。） □（本人の）ルールに（新しい）ルールを重ねる。 例）「そうだよね。〇〇君の言いたいことは分かる。でもこの場合はこうした方がいいんだよ」
「想像力」の障がい対応	「自由に何かをしなさい」という指示は，想像力の障がいから何をやっていいか分からないので， □具体的な指示をする。（「板書するので見ていてください」板書し終えて，「ノートに書きなさい」） □授業中に個別支援をするときは…全体に一斉指示をし，その後で該当生徒に個別助言をする。

＊参考　瀧沢広人『目指せ！英語授業の達人21　英語授業のユニバーサルデザイン　つまずきを支援する指導＆教材アイデア50』（明治図書）

教師が行う具体的な支援の工夫

該当生徒に必要な支援を考える参考になる。

❶ 集中して話を聞く工夫
- □座席位置の配慮（入口近くや窓際，後方の座席を避ける）
- □机上の整理（活動ごとに不要な物を片づけさせる）
- □指示や説明（簡潔に，復唱させる，活動前に個別の言葉かけをする）
- □聞き方の指導（話し手に体を向けて聞かせる，聞く場面で確認する）

❷ 文字や語句を読む工夫
- □つまずきやすい文字や語句の意識づけ（印をつける，枠で囲む）
- □板書の重要ポイントの強調（囲いや色づけをする）
- □理解しやすい読み方の選択（個に応じて音読・黙読等をさせる）

❸ 文字や文章を書く工夫
- □漢字指導の工夫（「『土』を書いて…と書くと『教』」と声で覚えさせる。
- □作文の指導（文章の構成に注目した「書き方パターン」を示す）

❹ 計算・測定する工夫
- □文章題を理解しやすい工夫（具体物活用，場面演示，図の提示を行う）
- □細かな段階設定（学習を細かな段階に分け成功体験を積ませ自信をもたせる）

❺ 忘れ物を少なくする工夫
- □メモの活用（メモをとることやメモを見ることを習慣化させる）
- □置き場所の固定（机や棚の中などの物の置き場所を固定する）

❻ 落ち着いて主体的に活動する工夫
- □興味・関心のあるものの活用（活動の導入で用いる）
- □見通しをもたせる工夫（日程，活動手順や内容を事前に提示する）

❼ 安心して学校生活を送る工夫
- □ルールのある活動の設定（順番や簡単なルールのある活動をする）
- □賞賛する場面の確保（ルールを守れたことを賞賛する，行動を振り返る）

＊『平成26年度　広島県教育資料』を参考にまとめ

CHAPTER 3
3 生徒の「学習・生活のルール」をまとめガイダンスする

　新入生は，高校に入学するときに，期待とともに大きな不安を抱えています。「知らないことが多い」からです。それは，保護者も同様です。そこで，入学式後のホームルームでは，保護者も含めて，学校のルールのポイントをお伝えします。「知らずに校則違反をして叱る」というマイナスを避けることができます。

　生徒の学習・生活に関して読んでおきたい資料は，次のようなものです。

□生徒指導規定
（どのような校則があるのか，違反をすればどうなるのかを知っておく）
□教務規定（履修や修得の説明，単位，遅刻・欠席等，テストなどについて）
□保健室利用規定（保健室の利用の仕方などについて）
□生徒手帳（生徒目線で詳しくルールが書かれている）
□『入学のしおり』（学校生活のルール，いつ，何を提出するかなど）

　これらは，何となく知っているだけでなくて，明確に知っておくことが大切です。生徒に「前もって」指導ができるからです。教員が皆でルールを知っておくと，他の先生方と「共通理解」・「共通行動」をとることもできます。

1 》手順

❶ 年度当初に配布される「生徒指導規定」「教務規定」を読み込む。
　知らなかった点や，生徒に特に関連する項目に下線を引く。
❷ 大切な項目をパソコンで箇条書きに打ち出す。
❸ 項目を整理して分かりやすく1枚にまとめる。（次頁参照）

2 》留意点・工夫

● ルールをまとめておくと，高1だけでなく高2，高3にも使える。
● 翌年は校則が変更されている場合があるので，再度確認しておく。

高校ルールガイダンス用資料

これだけは知っておきたい！ 高校のルール要点ガイダンス【簡略版】

*以下は、校則の一部をまとめたものです。（詳細や正式には、後日学習する正式版を参照してください。）

（1）単位・評定について

① 進級・卒業するには、<u>授業を休まない（履修）</u>で、試験などでよい結果を出す（修得）必要がある。
②【履修】→授業1単位あたり欠課数が（ 12 ）時間以上になると履修不可。（＊本校の計算方式による。）
  【修得】→提出物や試験などで満足する成果を出すと単位「修得」となる（点数が足りず成績不振だと修得不可）。
③ 高1で<u>落としてはいけない「必」履修教科・科目</u>は、数A, II、英語表現 I 以外の科目すべて（厳しい！）。
④ 高2に進級できないのは、次のいずれか。
  ●<u>3科目以上落とした（修得不可）</u>　●総合と必履修教科・科目で欠課時数オーバー（履修不可）　●合計が26単位未満

（2）遅刻・早退・特欠等の場合

①（ 10 ）分以上の遅刻・早退は、「<u>欠課</u>」（授業に出ていない）となる。
② 10分以内の遅刻・早退でも、合わせて（ 3 ）回で「欠課1回」となる（遅刻・早退はできるだけしないこと）。
③ 授業に「<u>遅刻</u>」した場合は、すぐに教室に入れない。（ <u>遅刻届</u> ）が必要（職員室に取りに行く）。記入し授業に持参。
④ 早退の場合は、担任（副担任）から「<u>早退許可証</u>」をもらう（無断で帰宅しない）→家で保護者押印→翌日担任に提出。
⑤ 遅刻（朝のSHR開始時にいない）のたびに反省文指導（当日提出しないと指導票）。累計（ 6 ）回で保護者来校。
⑥「<u>受験・部活大会</u>」等の欠課は、担任や顧問から「<u>欠課届</u>」をもらい、各教科担当に提出すれば「公欠（公認欠席）」となる。
⑦「<u>忌引きや、病気による出席停止</u>」は、「<u>特欠</u>」となる（欠課にならない）。⑤と同様、自分で各教科担当をまわる。

（3）保健室に関して

① けがや病気で<u>保健室を利用する時は、担任や授業担任に連絡して行く。</u>その後、「保健室利用届」を授業担任に提出。
② 保健室での休養は<u>原則1時間</u>。　③内服薬はもらえない。　④AEDは保健室前。　⑤担架は保健室前と体育準備室。
③ スポーツ振興センター保険（学校管理下・登下校対象）：保健室連絡→自分で災害届記入→担任・部活顧問提出→保健室提出
④「学校伝染病」による出席停止の場合、「<u>出席停止証明書</u>」（または、<u>診断書等</u>）を医者に記入してもらい、担任に提出。
  ＊出席停止証明書…『入学のしおり(p.9)』、職員室・保健室で入手可能　・学校HPからもダウンロード可能

（4）テストに関して

① <u>テスト開始10分以降は、入室できない。</u>
② <u>不正行為をすると、その科目は0点</u>となる。特別指導となり、残りの試験は生徒指導室で受ける。
③ <u>考査を欠席すると、その科目は0点</u>となる（試験で遅刻・休んではいけない）。
  ただし、病院の領収書等の証明書と「<u>考査欠課届</u>」を担任に提出すれば、<u>見込み点</u>が与えられる。

（5）特別指導に関して

① 生徒指導の目的は、「健全な環境づくり」、「誇りと帰属意識」、「主体的で自律的な責任ある行動がとれる」人の育成。
② よく尋ねられる<u>服装に関する校則（一例）</u>　★違反は生徒指導票（通称「オレンジカード」）
  ○校章　○ベルトは黒または茶　○靴下は学校規定（白）　○くるぶしソックスは×　○スカート丈はひざ下
  ○通学靴は<u>白基調のひも付き運動靴</u>(or 黒色ローファー)　○カバンはメインバッグ。入らなければサブバッグ併用
③ <u>特別指導</u>となるのは、次の項目に該当する場合（例）
  ○暴力　○金銭強要　○器物破損　○窃盗　○飲酒　○喫煙（タバコ・ライター等の所持）　○不正行為（携帯も不正行為、考査妨害）　○無免許運転　○オレンジカード（生徒指導票）の累積（4枚で別室指導、6枚で特別指導）
④ 特別指導になると、生徒指導室で<u>学校反省</u>（学習・生活の基礎・基本を見直すため）。（<u>約1週間</u>）
  この期間は他の生徒と接触できない。弁当も別室。部活等も全て禁止し、教科学習を行う。
⑤「学校反省」及び「家庭反省」（休業日）が良好なら、「授業反省」（行動の継続・習慣化）に移る（5日以上）。
  毎授業後に自己評価（反省）を書き、授業者から評価印をもらう。放課後は担任と反省。不十分なら再度学校反省。

CHAPTER 3　入学式・始業式の仕事術

「どのような学級」を目指すのか を考える―学級開きまでに明確化―

　どのような学級を目指すかは,「実際の生徒を見てから」という意見もあるとは思いますが,その学校に慣れてくると,高3の「進路実現」に必要なのはこんな力,高2ではこう,高1ではこう,という学年ごとの「つけたい力」が見えてきます。そういった力をふまえて自分なりの学級経営方針を学級開きまでにまとめておくと,学級づくりへの意欲も大幅に増します。
　学級開きでは,特に新入生を迎える場合は保護者の方の前で,どのような学級をつくりたいのか,自分の方針を明確に話します。(保護者の方も安心。)はじめに考えておかないと,そのまま月日は何となく過ぎてしまいます。

1 》手順

❶ 受け持ち学級が決まったら,「どのような学級にしようか」考える。
❷ 考えていたら,会議中や日常生活の中で頭にふとキーワードが思い浮かぶ。すぐにメモする。私は顧問の野球部の試合中に思い浮かび,その場でメモをすることもある。(後でメモしようと思うと忘れてしまう。)
❸ 書き溜めたメモや現在考えている項目をノートに書き出す。
❹ その中から,キーワードを抽出する。(短い方が生徒も覚えやすい。)
❺ 抽出したキーワードを話しやすい順番に並べ替える。(次頁参照)

2 》留意点・工夫

● 時間をかけて考えると,どのような学級をつくりたいのか,なぜか,学校の教育目標とのリンクはどうか,などについても深く考える機会になる。
● 考えるポイントの一つは,3月の修了式の日に,「この学級でよかった」「学級替えをしたくない」「同じメンバーで新しい学級になりたい」という心境になるほど,自分たちのやってきた一年間に生徒が満足感を抱く状態になっていることである。

ある年の高校1年生に向けた「願い」と「目指す学級」

願い① 全員進級
願い② 進路決定
願い③ いいクラス

クラス① 落ち着いて学習(規律)
クラス② 皆で盛り上がれる(関係)
クラス③ 許されないことはしない(ルール・人)

上記学級を達成するために皆で取り組むよう呼びかけたこと

やる① 課題提出
やる② 道具帰宅
やる③ 三点固定

●年●組『学級開きの誓い(4月6日)』皆で一致団結,がんばろう！

1 願い
■願い① 全員進級　■願い② 進路決定　■願い③ 「いいクラス」(3/18)

2 やること(1を達成するために)
■やる① 課題提出　■やる② 道具帰宅　■やる③ 三点固定(家庭)

3 目指すクラス像
■クラス① 落ち着いて学習できる(知性・規律がある)
■クラス② 皆で盛り上がれる(人間関係)
■クラス③ 許されないことは絶対しない(ルール・人)

＊詳しくは，p.56参照

教室掲示物

●年●組『学級開きの誓い(4月6日)』皆で一致団結,がんばろう！

1 願い
■願い① 全員進級　■願い② 進路決定　■願い③ 「いいクラス」(3/18)

2 やること(1を達成するために)
■やる① 課題提出　■やる② 道具帰宅　■やる③ 三点固定(家庭)

3 目指すクラス像
■クラス① 落ち着いて学習できる(知性・規律がある)
■クラス② 皆で盛り上がれる(人間関係)
■クラス③ 許されないことは絶対しない(ルール・人)

この資料を教室に一年間掲示し，時期をみて語りかける。

CHAPTER 3 入学式・始業式の仕事術

学級開きの自己紹介は「スケッチブック」が役立つ

担任と生徒のはじめての出会いである最初のホームルーム（学級開き）では，担任と副担任の「自己紹介」の時間があります。この自己紹介を円滑にする方法があります。それが，「スケッチブック」を作って自己紹介する方法です。生徒からも好評なこの方法には，次のようなメリットがあります。

① 「どのような学級にしたいのか」を「事前に」念入りに考えられる。
　例）ある年の高校3年生：「卒業したくない学級」「同窓会をしたい学級」
② 考えたことを漏れなく明確に生徒に伝えることができる。（カンペの役目。）
③ 「先生はやる気で準備をしてくれた」ということが，生徒に暗に伝わる。

1 » 手順

❶ スケッチブックを百円ショップで購入する。
❷ スケッチブックの用紙を数える。（10枚なら，10スライド分使える。）
❸ その枚数の中で，どのような学級をつくりたいか，大切にしたいかなど，自分が言いたいことを短い言葉でまとめる。短い言葉だと覚えやすい。
❹ プリントアウトしたものをスケッチブックにのりで貼りつける。
❺ 副担任の先生とスケッチブックを使って事前に練習をしておく。

2 » 留意点・工夫

● スケッチブックは百円ショップで購入可能。（B4サイズが大きくて見やすい。）
● 大切な文字は，蛍光ペンで目立たせるとよい。
● 副担任の先生と，前日までに練習しておくと当日がスムーズになる。
● 学級開きで使った後は，同じものをプリントアウトし，学級掲示する。
　（学級開きの日の放課後にすぐに貼ってしまう。詳細は，p.58参照）

ある年の「高2の学級開き」で使ったスケッチブックスライド

① 平成26年度 ●年●組開始！
② 上山 晋平
③ ●● （副担任）
④ めざすクラス
⑤ (1)居心地のいいクラス　人間関係良くて&盛り上がる
⑥ (2)がんばるクラス　よく勉強して&目標ある
⑦ 3月20日　クラス替えしたくないクラスに！
⑧ 高3 進路実現／高2 自主的行動
⑨ めざす人　自立＋協働→貢献
⑩ 幸せになろう　伸役認愛
⑪ ①節目は変わるチャンス！（変化は進化）
②人間関係（bullying）
③4月肝心（無遅刻・課題完璧）&3学期勝負
④質問・相談力　⑤担副の仕事（happy）
⑥写真　⑦早く終わる

＊これらは教室にも掲示する。（p.59参照）

CHAPTER4　学級開き「最初の2日間」の仕事術

-1 最初の2日間とその重要性について知る

　「始業式からの学年最初の3日間」は，「黄金の3日間」と呼ばれています。（向山洋一氏による。）この3日間は，生徒が素直で，一年間で最も集中して先生の話をよく聞く3日間と言われます。この間に教師は全力を注いで学級のルールやシステムをつくります。成功すると，よいスタートが切れますが，意識しないで過ごすと後で苦労する可能性があるといわれます。生徒が元気になり，言葉遣いが乱れはじめたとき，学級のシステムができていなかったら…学級が荒れる原因になるかもしれません。ここからは3日間のうち，学級のシステムをつくる上でとくに大切な2日間の仕事術について見ていきましょう。

1 » 手順

❶ 最初の2日間で絶対にやるべきこと（3つ）を理解し，準備をする。

①学級担任の方針　②学級のルールづくり　③学級のシステムづくり

①担任の方針	「学級担任の方針」は，初日の「学級開き」で語る。どのような学級をつくりたいのか。そのためにどうしていくのか。
②学級のルール	学級のルールや「叱る基準」を伝える。 ①自分や人を傷つける言動をしたとき。（いじめ，からかい等） ②同じことを3度言っても直そうとしないとき。（成長がない） ＊参考『生徒に「私はできる！」と思わせる　超・積極的指導法』
③学級のシステム	学級を動かすのに必要なシステムをつくる。 ・委員　・学級の係（一人一役）　・掃除や昼食の仕方 ・日直の仕事　・ロッカーの使い方　・提出物の出し方　等

2 » 留意点・工夫

●この2日間は大変だが，システムをつくるとその後がスムーズになる。

最初の2日間に向けての担任準備（一覧）

　一年間の中でも最も大切な最初の数日間を迎えるために，春休み中に先生方は奮闘します。この時期は年間で最も忙しい期間と言えるかもしれません。生徒を迎える前にどのような準備が必要でしょうか。
　ここでは，大きく2つのことを見てみたいと思います。
　一つ目は，「学級開きに向けて春休み中に行う準備」です。学級担任としてすべきことや，学年で話し合って方針等を確認することなどがあります。
　2つ目は，さらに迫って，「入学式や始業式前日までの準備」です。入学式前日までには，担任は生徒が「安心」して学校生活を送れるよう，最大限の準備をします。例えば，「教室整備」だけでも次頁のように多数です。多くの準備を短時間でする必要があるので，リスト化して進めることが大切です。

1 » 手順

❶「学級開きを控えて新年度に行う準備」について理解する。（p.52 参照）
❷ やることをリスト化し，効率よく一つ一つ仕上げていく。
❸「入学式や始業式前日までの準備」について理解する。（p.52❸参照）
❹ やることをリスト化し，効率よく一つ一つ仕上げていく。

2 » 留意点・工夫

● 春休みの準備を見るだけでも，教師がすべきことは相当多い。「最初の2日間」の重要性を頭に入れて，「ひと時も無駄にしない」で進める。
●「開始前が忙しい」のは他の業種も同じ。春休みは春「休み」ではない。
● すべき仕事は多いが，担任が一番力を注ぐことの一つは「学級開き」の準備。生徒と保護者との初の出会いで何を語るか，どう演出するか，自分の教育観をぶつける日。保護者や生徒も，「今年はどのような先生か」大いに気になる。「学級開きで第一印象が決まる」と意識して準備する。

❶ 春休み中に行う「学級担任が行う準備」(一例)　＊p.18参照

☐昨年度の一年間の行事予定を頭に入れる。(聞かれたら説明できるよう。)
☐担任する生徒名を覚える。(高校1年担任なら，出身中学校も。)
☐入学式・始業式関連で必要な書類を一元化しておく。(ファイル)
☐学年会議で打ち合わせをする。(方針，行事，学級開きの内容　等)
☐教務規定・特別指導規定を読み直す。(生徒に説明できるようにする)
☐学級経営方針を立てる。(経験，相談，研究〔書籍・ML〕等をふまえる)
☐学級開き・ホームルームの内容を決める。
　　(方針，ルール，仕組み，保護者の方へのお願い，安心感，係や委員)
☐教室の準備をする。(座席表，番号チェック，黒板メッセージ，回収物)

❷ 学年開始にあたって学年での打ち合わせ事項(一例)

☐学年経営方針　☐重点指導項目
☐直近行事についての打ち合わせ
☐教室のカギの開け閉めは，誰がいつするのか
☐朝と帰りのショートホームルームの流れ　☐係・委員会の決め方
☐日直の仕事　☐置いて帰ってよい物一覧
☐ロッカーの使い方

自分の学級だけでなく，学年全体でそろえるべきことはそろえる。

❸ 始業式・入学式前日までに行う「教室整備」(一例)

☐教室床の掃除　☐廊下掃き　☐掲示物・画鋲がないか確認
☐掃除道具入れの中　☐ロッカー拭きと番号のシール貼り
☐傘立て　☐教卓を拭き，中を確認　☐生徒机が生徒数分あるか
☐生徒机に落書きがないか　☐教室の本棚整理
☐座席表を黒板・教卓に貼る
☐机の前足に『(カギ)印をつける(これに合わせるだけで机がそろう)
☐出席簿作り　☐校舎配置図の掲示　☐黒板メッセージを書く

最初の2日間① 初日 はじめて出会った生徒が笑顔で握手する

新入生にとって入学式当日は，期待と不安が入り混じっています。不安な状況にある生徒の気持ちを少しでも和らげてあげ，学級のスタートをあたたかいものにする方法はないでしょうか。

私が高1を担任したある年は，新入生が教室に入室後すぐに笑顔になり，担任と握手をしていました。どのような仕掛けがあったのでしょう。

1 》 手順

❶ 生徒の名前と顔と座席を入学式までに暗記しておく。(p.40参照)
❷ 教室に入室してきた生徒の顔を見て，名前で呼びかける。
「赤木くん。赤木慶介くん」
生徒はビックリして笑顔になる。(自分のことを先生が知っている。)
❸「担任の上山です。今年一年よろしくね」と生徒と握手する。
生徒は，「よろしくお願いします」と笑顔を返す。
❹ さらに，事前に入手していたよい情報を伝えてほめる。
中学の先生からよい情報を聞いておき，本人に伝える。「(リーダー力がある／英語力があるなど)って聞いてるよ。よろしくね」(生徒喜ぶ)

2 》 留意点・工夫

● 名前は人間関係を築くうえで大切。「自分の名前，とくに下の名前は，世の中でもっとも心地よい音の響きの一つ」という言葉もある。
● 上記の方法を使えば，最初の1日でほぼ全員と話ができる。初日に話ができなかった生徒には，「翌日絶対話しかけよう」と決意する。早めに全員と first contact をとることが，人間関係を築くうえで大切になる。
● 入学式は，生徒全員に(保護者も含めて)，よい学校に入ったと思ってもらえるように，準備に全力を尽くす。

CHAPTER4 最初の2日間② 初日 入学式と学級開きをどう行うか

　高校1年生の担任になると，入学式に向けた準備をします。入学式の一日は重要な行事が続きます。まず，入学式の前に各教室でホームルームを行い，入学式の動きについてガイダンスをします。その後は入学式で，さらに教室に戻ってホームルームを行います。この時間がいわゆる「学級開き」です。

　学級開きは，学年全体で基本的な流れがありながらも，担任独自の内容や流れもあるでしょう。私が学級開きで特に大切にするのは，新入生や保護者に「安心感」を抱いてもらい，同時に高校生の「厳しさ」を感じてもらうことです。この中では，さらに，担任や副担任の自己紹介に加えて，目指す学級像やルールなど学級経営に関する重要な方針をお伝えする機会でもあります。

　ここでは，ある年の「高校入学式当日の動き」を再現してみます。このようなシナリオがたくさんそろうと，毎年便利だと思います。

1 » 手順

　学級開きでは，次のようなことを伝える。（高2，高3も類似の内容）
❶ 担任・副担任の自己紹介
❷ 学級経営方針（めざす学級像やそのために大切にすること）
❸ 高校3年，2年，1年で目指すもの（進路目標等）
❹ 本校のルール（生徒指導規定，教務規定，保健室，遅刻・欠席　等）
❺ スケジュール（本日と，翌日以降）や持参物

2 » 留意点・工夫

● 入学式後の学級開きは保護者も参観される。「人の印象は出会いで決まる」と思って，万全の準備をする。そのためにもシナリオを作ることは必要。
● 回収物が多くある場合は，板書しておくとよい。（p.56参照）

入学式と学級開きに向けて準備したシナリオ

■日にち　4月6日（火）
■と　き　14：55～15：20　■場　所　ホームルーム教室
■内　容

12：30　ホームルーム①（今日の流れ・礼法指導）　＊入学式の前。
入学式については，次の①～③の話や練習をする。

> ①「入学式」の意味を語る
>   ・一生に一度の高校入学式である。
>   ・現時点では，まだ正式に入学したことになってはいない。
>   正式な入学は，入学式内で「入学を許可される者」と言われた時点。
>   ・親に態度でこれまでの感謝を表す。
> ②礼法指導（学校のやり方に従って指導する）
>   ・起立：手は体側で気をつけ。　・礼：上半身を45度傾ける。
>   ※礼は，1でかがむ，2・3で静止，4・5・6でゆっくり戻す。
>   ・来賓紹介のときには，体ごと来賓の方に向く。
> ③入退場の方法

13：30　入学式
14：40　ホームルーム②（生徒のみ）

【提出資料の集め方】

> ①本日回収する書類は，12種類（も）ある。　＊板書しておくと指示しやすい。
> ②回収時間短縮のため，後ろの人が前に書類を「渡す」方式。（上に重ねる）
> ③個人情報が書かれた書類の場合は，裏にして渡させる。（下に重ねる）

14：55～15：20　ホームルーム③（保護者を交えて）
　伝えたいこと『安心感』&『厳しさ』
　新入生の不安＝新たな人間関係，学習，友達，部活，先生…

【板書例】

❶ 自己紹介（ここでは担任・副担任の名前程度に簡単に）

❷ 担任あいさつ

要は：「高校生になろう！」

- 中学と異なる点は多い。
- 自律・責任・自主性が重視される。
- 最終目標は進路実現
- 部活動のすすめ：文武両道の精神（高校生活充実・精神力）
- 必要なことは自分でメモをとる。（メモ帳を準備しておく。）

担任としての願い

- 全員進級（「全員」がポイント。一人も欠けてはならない。課題提出等についての厳しさも必要。）
- 進路決定（文理選択を●月に行う）
- 「いい学級だった」と，3月●日の修了式で言える。

願いを実現するために，皆で「やること」

- 課題提出（課題提出日厳守）
- 道具帰宅（学習道具を持ち帰る・置き勉禁止）
- 三点固定（起床時刻，勉強開始時刻，就寝時刻を固定）

目指す学級像

- 落ち着いて学習できる学級（規律がある）：学校は勉強するところ
- 皆で盛り上がれる学級（人間関係がよい）
- 許されないことは絶対にしない学級（ルールを守れる）

生徒指導より（特別指導規定）

　中学校と高校では異なる。特に生徒指導規定と教務規定で，生徒に関することを伝えておく。保護者の方が多くおられる機会を大切にする。
・単位認定：授業を休まない，試験・提出物でよい結果を得る。
・授業遅刻：遅刻届がないと教室に入れない。
・特別指導の用件
　暴力　器物破損　窃盗　飲酒　喫煙　不正行為　無免許運転　服装違反（3回で校長訓戒，4回で反省指導）　遅刻（4回で個別指導）
・オレンジカード（特別指導票）
・特別指導中は，別室で反省・学習する。人と接触できない。部活も禁止。
・特別指導については，全職員に周知される。

保護者の方へのお願い
・遅刻・欠席連絡は，保護者から，できるだけ8:15までに。
・明日から弁当を。　・「3点固定」で生活習慣・学習習慣が身に付く。
　　　　　　　　＊3点固定とは，「起床」「学習開始」「就寝」時刻を固定すること。
・担任と保護者の連携　・昨年度の進路情報・計画

生徒に明日を迎えるためのアドバイス
・メモ帳があると便利（高校では自分で掲示板を見てメモする）
・教室の「鍵の開け・閉め」について（一番に来た人が教室を開ける）

❸ 本日のこれからの予定（物品購入）の伝達
【生　徒】・体育用品（全員）　・美術・書道教材（選択者）
　　　　　・高校総合保障制度（希望者）　・JR定期（希望者）
【保護者】・教室に残っていただき，学級役員を決める。

　以上のように入学式当日は進んでいく。

最初の2日間③ 初日 入学式や始業式の放課後には何をするか

　入学式と学級開きを行った初日の放課後にはすることがたくさんあります。生徒から提出された膨大な資料の整理（10種類以上）や，学割発行などの元となる生徒証明書の作成などです。ただし，その日の放課後に「これだけは絶対にやっておいたほうがいい」ということもあります。そのうちの一つが，教室の環境整備（掲示や板書）です。これをすることで，生徒は翌日からの生活に「見通し」ができるため，生徒の気持ちを穏やかにし，動きをスムーズにできます。具体的には，次のような準備が効果的です。

1 » 手順

❶ 明日の予定（1～6時間目までにすること）を板書する。
❷ あさっての予定（明日からの見通しをもたせる）を板書する。
❸ 学級開きの自己紹介で使った「目指す学級像」などの資料を掲示する。
　学級開きだけでは生徒は忘れてしまう。大切なことは掲示する。
❹ 年間行事や学校の校舎配置図などを貼る。（生徒の不安を解消する。）
❺ ネームプレートを黒板に貼る。（これで日直がスムーズに動き出す。）

2 » 留意点・工夫

● 時間はかかるが，上記の準備をすれば翌日以降がスムーズに動く。
● 生徒にも「先生が昨日，何か準備してくれているな」と伝わる。教師の熱意やホスピタリティが伝わることは，生徒との関係づくりで大切。
● 上記のことは，高1だけでなく，高2や高3を担任したときも実施する。学級開きがあった放課後に上記のような準備をしていると，前年度担任した生徒が教室に来て，「早い！　やっぱり先生，もう貼ってる！」と言われることもある。先生が準備しているのを生徒は気づいているのである。

翌日以降の予定を板書する（見通しがもてる）

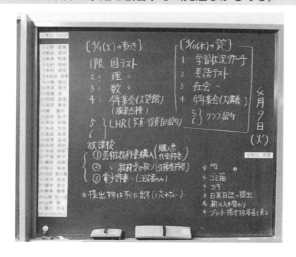

目指す学級像など，学級開きで使用した資料も掲示する

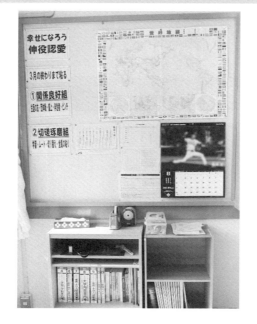

最初の2日間④ 2日目 学級の係・委員会を短時間で決める方法

学年が始まって最初の2日間ですべきことはたくさんありますが，その中の一つに「学級の係」や「委員会（生徒会）」を決めることがあります。この係や委員会決めは大切ですが，下手をするとかなりの時間がかかります。しかし，短時間で決めて生徒をほめることができる次のような方法もあります。

1 » 手順

まず「係」を決める。その後同様に，「委員会」について決める。

❶ 係と人数を黒板に板書する。例）英語係（2）
❷ 係の仕事内容を説明する。（または説明プリントを配布する。）
❸ 生徒は自分がなりたい係を心に決める。
❹ 生徒にネームプレート（p.34参照）を配布する。
❺ 生徒はそのネームプレートを自分が希望する係の枠に貼りつける。
❻ 他の人と重なったところはじゃんけん。そうでなければその係で決定。
❼ 決まった結果は，書記が記録し，担任に手渡す。

2 » 留意点・工夫

- 係や委員会決めでは，事前に，「力のある学級を目指そう」「同じことなら短時間で終わる方が力がある」「係や委員会はどの仕事も大切。何になっても学級や組織に貢献できる」「できるだけ早く決めよう」と伝えておく。
- 委員会を決めるときは，学級の代表である「学級委員」（代議員）が残らないように先に決めて，その後に他の役を決めるとスムーズになる。
- 委員会を決めるときは，事前に仕事内容が書かれたプリントを配布して，解説してから仕事を選ばせると，生徒は納得して選べる。
- 係や委員会は初めて決めるときに，一年間分を決めておくと後が楽。
- 全員が担当できるよう係の数を設定する。（委員会もできればそうする）

学級の係分担表

係は一人一役とし，生徒人数分の仕事を割り当てる。(＊係については，p.30を参照。)

係と人数を黒板に板書する。例）英語係（2）

生徒はそのネームプレートを自分が希望する係の枠に貼りつける。

最初の2日間⑤ 2日目 学級のシステムを伝え稼働させる

　学級開きの日を含めて最初の2日間が，学級づくりにおいてとても大切なことは，これまでに見てきたとおりです。どの生徒も新しい学年で頑張ろうと思って意欲的になっているこの2日間は，その後の学級をスムーズに運営するためにも，学級のルールや仕組みなど，多くの「システム」を生徒に伝える重要な時期です。この時を逃すと，定着に時間がかかってしまいます。

1 » 手順

最初の2日間で，例えば次のような「学級のシステム」を稼働させたい。

❶ ゴミの捨て方（燃えるゴミとプラスチックゴミの分け方。）
❷ 教室用文房具の使い方（使ったらすぐ文房具ケースに戻す。）
❸ 学級日誌の提出方法（担任に手渡す。渡せない場合は職員室に持参。）
❹ 最後の人が教室のカギを閉めて下校する。
❺ ロッカーの使い方。（自分のロッカーのみ使用可。余ったロッカーは全体の資料などを入れるので個人で使用しない。）
❻ 学級のカギを閉めるときは，全員で協力する。（窓近くの人は窓を閉める。）
❼ 座席の整頓は，机を置く位置の「印」にあわせて整頓する。
❽ 後ろの掲示物は自己責任で確認（奨学金などの情報もある）する。
❾ 自分でメモ帳を購入・持参し，必要な情報はすぐに自分でメモする。
❿ 提出物は提出したら「提出物ファイル」に自分で○をする。

2 » 留意点・工夫

● これだけのことを生徒に伝えるには，学級開き前の準備がポイント。他ページで紹介している内容のように「リスト化」して万全の準備をする。
● 本当にこの時期は，「今が勝負」「ここを逃すと定着しない」という気概で準備を万端に行う。

CHAPTER4

最初の2日間⑥ 2日目 教室掃除が短時間で終わるシステムをつくる

「同じことをするのなら短時間で終わる方が力がある学級」と，生徒に伝えると述べました。(p.60参照) 早く終わるには，皆の協力が前提だからです。掃除も同じです。いかにきれいに，そして早く終わらせるかは大切です。決められた時間の5分前には掃除が完全に終わるシステムをご紹介します。

1 » 手順

❶ 教室掃除に必要な仕事と人数を計算する。
❷ 生徒に掃除の意義や心得を伝え，くじなどで仕事分担を決めさせる。
❸ 担当が掃除時間内に「何をどうすればいいのか」具体的に知らせる。
❹ 「今日も早いね！」「休憩して親睦を深めよう」と話をする。

2 » 留意点・工夫

● 掃除分担表を作って，教室掲示をする。(誰が何をするのかを明確に。)
● 掃除が早く終わるシステムをつくる。例えば…
　・教室の床に，机をそろえる位置を示す印を油性マジックで書く。
　(油性マジックで書いても1か月もすると消える。消える前に再度なぞる。)
　・早く終わりそうな役（小黒板係）の人には，机運び役もあてる。
● 掃除が早く終わるポイントは，掃き掃除係が早く動けるかどうか。
　ほうきが早く終われば，机運びも早い。ほうきは担当箇所を分担するとさらに早い。例えば，4人なら教室を縦に4分割し，自分の場所を行う。
● 机運びや掃き掃除の流れは，次の通り。
　①全員が自分のイスを机の上にあげる。②全員が机を教室後方に下げる。③ほうき係が，教室の前方から後方に向かって掃く。④掃いた箇所にどんどん机を運ぶ。⑤手があいている人が，イスを机からおろしていく。
● 掃除分担は，席替え時に変更する。(席替えは定期テストの後)

掃除分担表

誰が何の掃除をどうやるのかを明記する。

●年●組 掃除分担表（全32人）

■【教室掃除の心得】

① 「掃除には人間性があらわれる」と言う。「人間性を大切にすることは、誠実に掃除をしよう。
② 「開始時刻を守ろう。「時間を大切にすること」。「時間を大切にできない人は信頼されない」ことも事実。
③ 掃除は全員で一気に取り組もう。残った時間を休憩や親睦に使おう。
④ 自分の分担が早く終われば、他の人の仕事を手伝おう。そうすれば全体がさらに早く終わる。
⑤ 効率と効果の両方を意識しよう。同じ仕事を短時間で終えるのが効率。目的（きれいにする）を達成するのが効果。

〈分担1〉【教室（15人）】

掃除内容	担当者				留意点
教室ほうき	4人：①	②	③	④	一番早く働き始める。ほうき係が早ければ早いほど、全体の掃除が早く終わる。
机運び	4人：⑤	⑥	⑦	⑧	丈夫な体を運ぶ、床のラインに合わせると体がきれいに整列できる。
前大黒板・レール	1人：⑨				5時間目の授業者がピッタリとくるように美しく仕上げる。
前小黒板（右）・後ろ黒板・レール＆掲示物	1人：⑩				黒板は2種類使うに、必要に応じて板書や掲示を落としたりする。
教室窓拭き・教室棚運び	1人：⑪				タオルは2種類使う（「湿らせタオルでごみを落とし、「乾燥タオルでふき取る）。
廊下ほうき・廊下の窓拭き	1人：⑫				タオルは2種類使う（「湿らせタオルで湿らせて拭く、「乾燥タオルでふき取る）。
机拭き・ロッカー拭き	1人：⑬				生徒机と教卓・本棚・ロッカーを「湿らせタオル」で拭く。
ベランダほうき・窓拭き（外側の窓のみ）	1人：⑭				安全に気をつけてベランダの掃除をする、早く終わったら整備の手伝いをする。
クリーナー掃除（金曜）・ごみ捨て	1人：⑮				ゴミ捨てにごみが出たら：ゴミステーションへ
本棚＆文具ケース＆掲示物整理	1人：⑮				替えのゴミ袋（月・水・金）→ 保健室前の掃除用具庫に取りに行く

〈分担2〉【中棟東階段（5人）】【担当：●●先生】

○中棟1～3階　階段

〈分担3〉【北2Fと前廊下（12人）】【担当：●●先生】

○北2F
○前廊下

CHAPTER 5 生徒指導の仕事術

「生徒を知る」ための5つの方法

学級担任は，他の先生に比べて，学級に所属する生徒と接触する機会が多く，一般的に，生徒の人間関係や家庭環境など多くの情報を把握しています。「学級の生徒のことは自分が一番知っている（知ろうとしている）」状態を目指すことも担任の心得としては重要でした。（p.12参照）相手を知ることは，より適切な指導方法の選択につながるからです。それでは，生徒を知るために担任（教師）はどのようなことができるでしょうか，また，生徒の変化に気づくには，どのようなサインがポイントになるのでしょうか。

1 » 手順

❶「生徒を知る方法」や「生徒の変化ポイント」などを知る。（次頁）
❷ 教室内外で生徒に接するときにそれらを思い出して実践する。
❸ 気づいたことは，自分の指導記録（p.24 参照）にメモして活用する。
　生徒への今後の言葉かけや，保護者との懇談などで生きる。

2 » 留意点・工夫

● 生徒指導の観点で学級経営を進めるためには，一人ひとりが相当異なり，その違いや特性を理解することが，よい教育につながると考える。

> 生徒が異なる点）能力，適性，興味・関心，生育環境，進路希望，特別支援が求められる生徒（学習障がい，注意欠陥多動性障がい，高機能自閉症等）

● 多様な生徒がいることを前提に，いろいろな方法で生徒理解を行う。

> 例）人間的なふれあい，観察や面接，保護者との対話，同僚との情報交換

＊以上，参考『生徒指導提要』より

● あたたかい学級づくりは，生徒の「居場所」づくりにつながる。無視や否定のある「排他的な集団」では，成長しにくい。（学級づくりは大切。）

生徒理解につながる「観察ポイント」

❶ 生徒を知るための5つの方法

☐ 生徒を観察する（体調面と心理面の両方）
　例）登校時，入室時，朝の会，授業中，休憩中，昼休み中，掃除，部活動，下校時など

☐ 他の人から聞く。（同僚から，保護者から，地域から等）
　「気軽に話せる」「率直に伝えられる」「相談しやすい」関係をつくっておくと，重要な情報がもたらされやすい。

☐ 生徒本人と面接をして話を聞く。

☐ 生徒の表現物から内面を知る。（日記，作文，答案，発表など）

☐ アンケートや各種検査から生徒を知る。

❷ 生徒の発する（問題）サインに気づく5つの「変化」ポイント

以下は，生徒の発する問題サインの可能性がある。（より注意深く対応する。）

成績の変化	☐成績の急低下 （「心が勉強どころではない」サイン）
言動の「急」変化	☐急に反抗的になる　☐付き合う友達が変わる ☐急にしゃべらなくなる　☐遅刻・早退が多くなる （本人に生じている心理的な変化に対応するもの）
態度・行動の変化	☐顔色がすぐれない　☐表情がこわばる ☐行動に落ち着きがない　☐授業に集中できない ☐けがが頻発する
身体の変化	☐ひん尿　☐頭痛　☐下痢　☐原因不明の熱
生徒の表現物の変化	☐作文　☐答案　☐描いた絵や作成した造形物 （言葉に表現できない心が反映されている）

＊『生徒指導提要』を参考に著者まとめ

「部活動見学」は生徒の新たな面を知るチャンス

生徒を知るには多くの方法がありました。(p.65参照)簡単で役立つ方法の一つに,放課後の部活動見学があります。私は次の経験をしました。

放課後に別の用事で体育館前を通りかかったときのこと,普段授業で教えている男子生徒が部活動(バドミントン)をしていました。それは,すばらしい動きでした。軽やかでスマッシュが速い。普段のイメージとはかけ離れた姿でした。またいつも穏やかなイメージがあった別の生徒も,スマッシュが素晴らしく大変力強いものがありました。生徒に対して抱くイメージにプラスのイメージが加わった瞬間でした。私たち教師は授業や教室だけでその生徒のすべてを知ることはできません。放課後の部活動は,生徒が好きなことや得意なことに取り組んでいる時間です。この部活動の参観には,生徒の新たな面を知れるなど多くのプラスの効果があると思うのです。

1 » 手順

❶ 生徒の所属する部活動を把握しておく。
❷ 時間を見つけて,部活動の様子の見学に行く。(短時間でもよい。)

2 » 留意点・工夫

- 生徒の試合日が分かれば,試合の様子を見に行くと,生徒の応援をすることにもなり,生徒も喜ぶという,一挙両得である。
- 部活参観では,生徒と話すチャンスも生まれる。例えば,「あ,先生,何しているんですか」「ふと前を通ったら男子がやっていて,見ていたら凄いんよ」「速いですよね,男子」こんな何気ない会話もうれしい。
- 部活参観は,「やらなきゃ」と義務になると続きにくい。自分が部活の指導中に他の部活の様子を見たり,何か別の用事のついでに他の部活動の様子をのぞいてみたりと,「ついで」を心掛けると無理なく実施できる。

CHAPTER5-3 「生徒と教師の人間関係」をどうつくるか

　「生徒とよい関係を築きたい」―これは,すべての教師の願いかもしれません。教師と生徒の関係は,教育に影響します。どんなに優れた人が優れた方法で教えても,相手との関係がよくなければ効果は上がりません。これが教育の難しいところです。教育で大切なのは,「何を言うか」だけでなく,「誰が言うか」なのです。ここでは,生徒とよい人間関係を築く方法について考えます。さまざまな方法がありますが,根底には,「先生は,自分のことを大切に思ってくれている」と生徒が感じることや,そのために教師自身が,「生徒にとって価値ある存在になろう」と努力することかと思います。

1 » 手順

❶ **生徒とよい関係を築くための視点を頭に入れる。**
　生徒側の視点で考えると,どんな先生がよいかイメージしやすい。

❷ **上記視点を頭に入れて,毎日の実践にあたる。**
　自分の普段の取り組みから改善できるポイントに自分で気づける。

❸ **時々,上記の視点を振り返り,自分のあり方や言動をチェックする。**

2 » 留意点・工夫

- 大切なことは多くあるが,「生徒目線」で考えれば,自分の生徒にとって本当に大切なことは何かに気づきやすい。
- 生徒との人間関係づくりにあたっては,p.76で見る,生徒指導の3機能である

　「自己決定」「自己存在感」「共感的人間関係」

　を意識するとよい。この3つは,意識すると,多くの場面で活用できることが分かる。
- 高校教師は中学教師より生徒との関わりが少ない。そこを特に新入生は感じている。努めて生徒との接点を増やすようにする。

生徒とよい人間関係関係を築く視点

生徒にとって「よい先生」の一例
□自分を気にかけてくれる（声をかけたり，話を聞いてくれる）先生。 　➡自分は，生徒のことを常に気にかけ声をかけているか。 　　話をしているか。
□自分にはできないことができる先生。（「すごいな」と思う） 　➡自分の専門性の高さ（幅広さ）は，どうか。 　　他にも，生徒が関心を引くような特技や趣味・経験があるか。
□自分ができなかったことをできるようにしてくれる先生。 　➡自分は，授業で生徒ができないことをできるようにしているか。 　　自分は，授業外でも生徒に関わり，生徒の力を引き出しているか。
□授業が楽しい先生。分かって，できるようにさせてくれる先生。 　➡授業終了後に，生徒から「楽しかった」という声が聞こえるか。 　　授業中に，生徒が熱中したり，生徒の顔が上がったりうなずいたりする様子が見られるか。「分かった」という声が聞こえるか。
□自分をやる気にさせてくれる先生。 　➡自分は，生徒をやる気にさせる指導をしているか。
□ひいきや自慢をせず，自分の失敗談などで自己開示してくれる先生。 　➡自分は，生徒に自慢をしたり，人をひいきしたりしていないか。 　　一部の生徒だけでなく，全ての生徒と公平に接しているか。 　　時々，自分の失敗談などを語り，自己開示をしているか。
□自分のことを信頼し，期待し続けてくれている先生。 　➡自分は，その生徒を信頼し，期待し続け，それを示しているか。
□感情が安定して（過度に気を使う必要がない），笑顔が素敵な先生。 　➡自分は，気分で表情を変えていないか。（自分では気づきにくい） 　　感情は安定し，にこやかな表情をしているか。

短時間でも全員と面接できる「面談準備シート」

　生徒を知る方法の一つに「面接」があります（p.66参照）。夏休みや冬休みなどの長期休暇明けには，できるだけ早く「学級全員の生徒と面接」したいものです。「夏休みの様子や事故」「課題の提出状況」「新学期に向けての決意」など，担任として聞いておきたいことがたくさんあるからです。

　ただし，聞きたいことを全て一つ一つ聞くとなると学級全体で膨大な時間がかかります。そうした面接をする時期もありますが，そこまで時間が取れない時も多いでしょう。そんなときには，「一人1分，1時間で1学級全員面接」が効果的です。事前に面接で聞きたいことをプリントにしておき，書き込ませてから面接し，気になる点についてのみ深く聞く，という方法です。短時間でかなりの生徒の情報を把握できるのでお勧めです。

1 » 手順

❶ 生徒に聞きたいことをプリントにまとめ，事前に書き込ませる。
❷ 廊下に机とイスを出す。次の人は，教室のドアで待つ。（出入りが早い。）
❸ 一人につき約1分間で面接する。（ストップウォッチも有効。）

2 » 留意点・工夫

● 面談中に気になることは，赤でそのプリントに書き込んでおく。
　それらは後で，面接シート裏の記録欄に転記する。（p.24参照）
● プリントに「夏休みの思い出」という項目を入れると生徒の様子を把握しやすい。例えば，「友達と●●●の映画を見た」「友人の家に泊まりに行った」「サッカーの合宿で6試合した」など具体的に分かる。
● 1時間で全員行う短時間面接とは別に，「相談がある場合はいつでも来てください。時間をとります」と，ゆっくり相談できることも伝える。
● 生徒との面接では，カウンセリングの技法も役立つ。（p.72参照）

個人面談資料

2学期スタートにあたって（個人面談資料）

（　　）年（　　）組（　　）番　名前（　　　　　　　　　　　　　）

＊該当する□に✔してください。

1　この夏休み中に，あなたの身の回りで大きなケガや事故はありませんでしたか（自分や家族など）。
　　また，その他に，伝えておいた方がよさそうなことはありませんか。（住所や電話番号の変更も含めて）
　　□なし
　　□あり（詳細：　　　　　　　　　　　　　　　　　　　　　　　　）

2　夏休みの課題は，本日現在できちんと「すべて」提出できますか。（提出できていない課題はありますか）
　　＊総合的な学習も含む。
　　□なし（すべて完璧）
　　□あり（科目と内容の詳細：　　　　　　　　　　　　　　　　　　）

3　夏休みの学習は，いかがでしたか？
　　□計画以上にできた（理由：　　　　　　　　　　　　　　　　　　）
　　□ほぼ計画通りできた（理由：　　　　　　　　　　　　　　　　　）
　　□計画通りにはできなかった（理由：　　　　　　　　　　　　　　）
　　□まったくの想定外の状況（理由：　　　　　　　　　　　　　　　）

4　夏休みの一番の思い出は何ですか？

5　2学期は，次のそれぞれで特にどのようにがんばろうと思いますか。抱負を書いてください。（具体的に）
　　○学習面
　　　（　　　　　　　　　　　　　　　　　　　　　　　　　　　　）
　　○行事面
　　　（　　　　　　　　　　　　　　　　　　　　　　　　　　　　）
　　○部活面
　　　（　　　　　　　　　　　　　　　　　　　　　　　　　　　　）
　　○家庭生活面
　　　（　　　　　　　　　　　　　　　　　　　　　　　　　　　　）
　　○その他
　　　（　　　　　　　　　　　　　　　　　　　　　　　　　　　　）

6　その他に，何か伝えておきたいこと，相談したいことなどはありませんか。
　　（あれば書いてください。今日の面談で時間が取れなくても，後日時間を必ずとります。）

　　　　　　　　　　　　　　　2学期もよろしく！お互いがんばっていきましょう！

CHAPTER 5　生徒指導の仕事術

生徒との面談で使えるカウンセリング技法

つながる言葉かけ	□いきなり本題に入るのでなく，はじめは相談に来た労をいたわったり歓迎したりする言葉かけを行う。 例）「部活のあと，ご苦労さま」 　　「待っていたよ」「緊張したかな」
傾聴	□丁寧かつ積極的に相手の話に耳を傾ける。 　よくうなずき，受け止めの言葉を発し，時に質問する。 例）「そう」「大変だったね」
受容	□反論や批判をしたくなっても，その気持ちを置いて，生徒のそうならざるを得ない気持ちを推し量りつつ聞く。
繰り返し	□生徒がかすかに言ったことでも，同じことを繰り返してあげると，言葉が届いている実感から，話しやすくなる。 例）生徒「もう少し強くなりたい」 　　教師「うん，強くなりたい」
感情の伝え返し	□不適応に陥る場合には，自分の感情をうまく表現できないことが少なくない。少しでも感情の表現ができた時には，同じ言葉を生徒に返し，感情表現を応援する。 例）生徒「一人ぼっちで寂しかった」 　　教師「寂しかったんだね」
明確化	□うまく表現できないものを言語化し心の整理を手伝う。 例）「君としては，こんなふうに思ってきたんだね」
質問	□話を明確化する時，意味が定かでないときに確認する時，より積極的に聞いているということを伝える時に質問をする。
自己解決を促す	□本人の自己解決力を引き出す。 例）「今度，同じことが生じたとき，どうしようと思う？」

＊『生徒指導提要』を参考に著者まとめ

短時間でできる「席替え」で新たな人間関係をつくる

　生徒は学校にいる間，教室で長い時間を過ごすので，自分の座席の位置には大きな関心をもっています。中には，自分の席の近くの人とは話をするけれど，遠くの人とはあまり話をしないという生徒もいるので，席替えによって生徒の新しい人間関係をはぐくむきっかけを提供することは，学級経営を考えるうえで大切です。ただし，席替えをするのに大変な労力がかかると，続きません。そこで，下のような5分程度で席替えが完了する方法をご紹介します。

1 》手順

❶ 教師は，生徒名を記したネームプレート（p.34参照）を袋に入れる。
❷ 生徒の座席を歩きながら，袋の中のプレートを見ないで取らせる。
　取ったネームプレートの人が今座っている席が，自分の新しい席になる。
❸ 荷物を持って新しい座席に移動する。（机・イスはそのまま）
❹ 新しく横になった人と「よろしくね」とお互いあいさつさせる。

2 》留意点・工夫

● 座席が決まったらそれをメモする必要がある。次のようにすると早い。
　①1の手順❹の終了後，そのネームプレートの本人に手渡しさせる。
　②教師は，黒板に教室全体の座席の枠を描く。
　③生徒は，もらった自分のネームプレートを，新しい自分の席の枠に貼る。
● クラスの書記係の生徒に紙を渡し，新しい座席と名前を写してもらう。
　それを出席簿等にはさんでおくと，他の先生方にも参考になる。
● 席替えの頻度は，定期考査の度くらいがよい。ある程度人間関係をはぐくむ期間があり，かつ，生徒は，「テストが終わったので，また新しい環境で頑張ろう」と考えることができる。（あわせて掃除の担当場所も変更。）

CHAPTER5

6 情報を集約して活用する「個人記録表」

生徒と面接や進路指導をしたら,(忘れないように)その情報を「面接シート」にメモします。(p.24参照) できれば,もうひと手間かけると,さらに役立つことがあります。それは,重要な情報を一枚にまとめることです。例えば,進路指導内容を集約すれば,その生徒の進路指導の状態が一覧でき,その後の指導や面接がしやすくなります。また,副担任や他の先生と相談するときにも活用しやすくなります。次のようにメリットが多いので,私は高3以外の学年を担当したときも情報を集約する方法を続けています。

① メモした内容を再度パソコンで入力するので,指導内容を思い出せる。
　(指導メモをとっても見返さないと,詳細を忘れてしまうことがある。)
② 指導集約プリントはハンディで,一覧性にすぐれている。
　(ファイルの用紙に個別にメモしていただけでは,運びづらい。)
③ 他の先生と連携・相談しやすく,話の中で次の一手が見えてくる。
　例) 生徒A:二次試験で小論必要 ➡「いつ始めるか進路部と相談しよう」
　例) 生徒B:推薦入試を希望 ➡「鏡を見て笑顔トレーニングを促そう」

まずは高3担任になってからでも始めてみてください。効果に驚きます。

1 》 手順

❶ 面接や進路指導時には,その情報を「面接シート」にメモする。
❷ それを時期ごとにパソコンに記録し(1学級1時間),印刷する。

2 》 留意点・工夫

● 個人情報を含んだ資料なので,紛失しないように保管に十分注意する。
● 資料に日付を入れれば,いつ,どのような指導をしたかが分かる。
● 日付を「ゴシック」,指導内容を「明朝」にすると,日付が目立つ。

進路指導内容集約

＊下の内容は，参考として仮の情報を入れたもの。

平成●年度　●年●組　面接・懇談・指導内容集約			
			●月●日現在
番	名前	出身中	面接・懇談・指導内容集約
1	●●●●	●	【4月】（志望）公務員　（大学）●●・経済・（部活）バド 【7月三者懇】兄の影響　夏学習開始時刻9：00決定　課題を出す　テスト勉強する
2	●●●●	●	【4月】（志望）保育　（大学）●●・保育　（部活）バスケ 【5月個人面談】部活のことで相談（続けるかどうか）→顧問とも後日相談 【7月三者懇】保育　早く働きたい　夏は苦手重点（英社）暗記は苦手
3	●●●●	●	【4月】（志望）本雑誌編集者　（大学）●●・文　（部活）美術 【7月三者懇】20:00帰宅　22:00就寝（学習可能は1時間）国数英がんばる
4	●●●●	●	【4月】（志望）子供系　（大学）●●・児童教育 【6月個人懇談】携帯電話の使用について相談あり（帰宅後，常に携帯） 【7月三者懇】20:00帰宅　23:00就寝　勉強0分をなくす　ケータイ減らす
5	●●●●	●	【4月】（志望）臨床心理士　（大学）●●・心理　（部活）女子バスケ 【7月三者懇】大学院に進みたい　テレビ消して勉強する　90分以上
6	●●●●	●	【4月】（志望）中学校英語　（大学）不明　（部活）ソフト 【7月三者懇】英語好き（中学英語教師）留学したい
7	●●●●	●	【4月】（志望）保育士　（大学）●●・保育　（部活）バスケ 【7月三者懇】短大行く　バスケで時間なし　夜眠い　小テスト力点
8	●●●●	●	【4月】（志望）福祉関係　（大学）●●・社会福祉　（部活）無所属 【7月三者懇】考え中　数学がんばる　模試上げたい　評定クラスNo.1
			・・・・・

「授業の中で生徒指導」をする視点とは

　皆さんは「生徒指導」と聞いて，何を思い浮かべられますか。つい，「問題行動への対応」を考えがちですが，本来の生徒指導とは，生徒が自ら自己実現を図る「自己指導能力の育成を目指す」積極的な意義があります。（『生徒指導提要』）「自己指導能力」とは簡単に言えば，「自分で状況に応じた適切な言動ができる能力」のことです。その「自己指導能力」を育成するキーワードは「自己決定」「自己存在感」「共感的人間関係」です。これらを，授業を含むあらゆる場で生かして指導する意識をもつと，生徒同士だけでなく，教師と生徒の関係もよいものに変わっていきます。生徒は，学校生活のほとんどを授業で過ごします。「教師は授業で生徒指導をする」「授業は最大の生徒指導の場である」という言葉をかみしめて，授業でも積極的な生徒指導に取り組んでみましょう。

1 » 手順

❶ 『生徒指導提要』（文部科学省）を購入する。（生徒指導を学ぶ基本図書）
❷ 上記の本で，生徒指導の基本を理解する。
❸ 「生徒指導の３機能」の視点で，授業をつくったり観たりする。

2 » 留意点・工夫

- 「教育基本法第１条」から教育の目的を考えると，「人格の完成」（個人的側面）と「国家及び社会の形成者として必要な資質」（社会的な側面）の育成となる。後者は，「ルールを守る」「目標をもって取り組む」「自他を大切にする」など。この２つを学校で育てると考えるとすっきりする。
- 生徒指導とは，「足りない部分を補う」だけでなく，「望ましい部分をさらに伸ばす」こともある。（積極的な意味での生徒指導。）
- 生徒指導は，「いつでも」「どこでも」「誰もが」するものである。
- ただし，正論だけでは通らない場面も多い。共感的人間関係が必要。

自己指導能力を育てる「生徒指導の3機能」を生かした授業

次の3つの機能を授業の内外で取り入れるように努める。

自己決定	☐ルールと責任の取れる範囲内で自分の行動を選択させ，行動に責任をもたせる機会を与える。
	指導例） ・授業で，自分の考えをノートに書かせ，発表させる。 ・自分たちで話し合ってルールや企画を決めさせる。 ・班別行動を自分たちで決めて責任をもたせる。
自己存在感（自尊感情）	☐「自分が価値ある存在」だと実感する場面をつくる。 ☐（自己存在感を見いだせる）望ましい集団づくりをする。 ☐頑張る場面や役割を与え，プラス評価をする（ほめる）
	指導例） ・机間指導をして，よいところを見つけ，ほめる。 ・提出物に，その人だけに通じる返事や感想を書く。 ・発言が少ない生徒に場を設定する。（つぶやきを拾う） ・全員参加の授業にする。 ・生徒と目を合わせて気持ちを伝える。
共感的人間関係	☐教師と生徒，生徒同士が，共感的に理解しあう（相互に尊重しあう）人間関係をつくる。
	指導例） ・分かる授業，認め合う・教え合う授業をする。 ・生徒同士の発言をつなげる。（お互いを関わらせる場） ・生徒の努力を心から喜ぶ。 ・教師自身が失敗談などで自己開示をする。（好感）

＊『生徒指導提要』及び各種生徒指導研修会資料を参考に著者まとめ

「主体的」「居場所」「共に学ぶ」の3つの機能を意識すると，生徒指導の3機能を生かした授業になりやすい。（ある研修会での学びより。）

問題行動への「基本的な心構え」を知っておく

　心身の変動が激しい思春期の生徒は，常に問題行動を生じる可能性があります。また，そう思っている方が，より生徒の変化に敏感になれるでしょう。（変化のサインは p.66参照。）生徒指導で大切なのは，「すべての生徒が安全・安心」に過ごすために，「校内の生徒は全教職員で関わり指導する」という意識です。また，「共通理解」や「共通行動」というキーワードも大切です。学級担任は，生徒指導に関して重要な考えを把握して，指導にあたる必要があります。学級担任は，生徒指導の最前線にいるのです。

1 » 手順

❶ 学校の「生徒指導規定」などを通して，生徒指導の基本を頭に入れる。
❷ 大切なのは，「共通理解」に加え「共通行動」であることを認識する。
❸ 普段から問題行動の未然防止に努める。（充実した授業，生徒理解）
❹ 指導が必要な場面では，他の教職員と連携して指導にあたる。
❺ 生徒理解や生徒指導に関する研修を進める。（『生徒指導提要』など）

2 » 留意点・工夫

● 担任が知っておくべき問題行動は，「いじめ」「不登校」「暴力行為」「不正行為」等，多くある。一つずつ要点を確認する。（p.79❸参照）
●「基本的な生活習慣」の確立が，自主性や自律性をはぐくむ。
　これらは「態度や行動の基礎」となり，生活の積み重ねで培われる。
●「学校における基本的生活習慣」の例

きまりに関する生活習慣	時間を守る，物を大切にする，服装を整える
集団生活に関わる生活習慣	あいさつ，礼儀，人との関わり，役割を果たす
活動を行う上での生活習慣	授業規律や態度，忘れ物をしない

担任が知っておくべき個別の問題への基本的な心構え

❶ 生徒指導の基本的な考え方

□社会で許されない行為は，学校でも許されない。（責任と義務）
□すべての生徒が問題行動の要因を内包している可能性がある。
　（思春期は，好ましくない影響を受けやすく，いつ誰もがなる可能性がある。）
□中学・高校での問題行動は，小学校で問題行動の予兆がある。（場合がある）
　（何らかのつまずきや特異な行動がある。校種間連携が重要。）
□発達障害と問題行動（直接原因ではない。叱責による失敗経験を避ける。）

❷ 問題行動への対応の基本

□迅速な事実確認（事実や背景を理解し，指導・支援につなげる。）
□複数での対応（事情は個別に聞くが，複数の教師で対応する。）
□生徒本人の自書（５Ｗ１Ｈを基本とし，本人に事実経過を書かせる。）
□保護者連携（誠意をもって事実や背景を説明し，互いの役割を果たす。）
□希望をもたせる指導（現実への希望のなさを取り除き自信をもたせる。）

❸ 「いじめ」と「不登校」に関する基本的な心構え

いじめ	□人間として絶対に許されない。（生死に関わる問題） □いじめの発見ルートは，「本人から」「教職員が発見」「他からの情報提供（生徒・保護者・地域・関係機関）」がある。 □「いじめられた生徒に非はない」という認識で解決を図る。 □「いじめられた生徒を絶対に守る」という学校の意思を伝える。 □解決後も，定期的に話し合う機会をもつ。（再発防止）
不登校	□不登校解決の最終目標は社会的自立（進路の問題）。 □「不登校生徒にとって居心地のいい学校」は，「すべての生徒にとっても居心地のいい学校」になるという視点をもつ。 □「待つ」だけでなく，個々の状態に応じて適切に働きかける。 例）心理的な問題，いじめ，虐待，発達障害によって対応は異なる。

＊『生徒指導提要』を参考に著者まとめ

「携帯電話」の指導で担任が知っておきたいポイント

　担任は多くの問題行動について指導しますが，生徒の身近で最も起こりやすい問題の一つに携帯電話があります。「他人の誹謗中傷」「グループ外し」「ネット上に個人情報流出」など，大きな問題を生じる可能性があります。
　たとえば広島県では，携帯電話の問題に対して次のようにまとめています。

①携帯をめぐる「トラブル」から守る。	○ブログ等での誹謗中傷・個人情報の書き込み ○有害情報へのアクセス
②携帯電話への「依存」から守る。	○食事や入浴の際にも手放せない ○メールの返信がないと落ち着かない
③時間・金銭の「消費」から守る。	○ネットやメールに時間・金銭の浪費 ○学習時間の減少

＊『平成26年度　広島県教育資料』より

　これらの危険性は，意識していないと「知らない間に」関わってしまう可能性もあります。そこで学級担任は，携帯電話の危険性を知り，生徒に話をしたり，相談に適切に対応できたりするように，普段から学んでおく必要があります。次頁では，これまでの講演会などから学んだことの要点を紹介し，担任としての指導に役立つポイントを探りたいと思います。

1 » 手順

❶ 携帯電話の注意点等について，講習会や書籍，ネットから学ぶ。
❷ よいと思う情報はメモする。(教室で生徒に語る，通信等で紹介する。)
❸ 必要に応じて，保護者等とも連携する。(三者懇談などの話題にする。)

2 » 留意点・工夫

● 講演会では，身近で，知らない情報にも触れることができる。「携帯を解約します」「弟にフィルタリングを伝えます」などの感想も書かれる。

携帯電話指導で知っておきたいポイント

□携帯トラブルの増加は，携帯で「ネット」接続できることが大きな要因。
□世の中には，未成年者（生徒）を狙う犯罪者が本当に多いことを認識する。
□ブログやプロフなどに「個人情報」をアップしない。（個人を特定される。）
　隅々まで読み情報を収集される。（検索・収集され大きな情報になる。）
□不快なこと・反社会的なことを書くと，自分が攻撃対象になることがある。
例）反社会的なことをした人の個人情報を暴いて拡散させる人もいる。
□「ネットで悪口」を書くと，その時点で犯罪である。
例）名誉棄損，侮辱，プライバシー権の侵害，強迫
□冗談でも「爆発」「殺人」などの書き込みをすると未成年者でも逮捕。
例）書き込み5時間後に，警察は発信者を突き止め迎えに来ることも。
□匿名と思っても閲覧・書き込みページには足跡（ログ）が残り特定される。
□ネットで悪口を書かれるなどの被害にあったら次の3つの対応をとる。
①やり返さない（同罪）②画面保存（証拠）③警察など専門機関に連絡
　「ネットトラブル」で検索すると，総務省，警察庁，国民生活センターなどのウェブページが出てくる。
□ネット上でいったん広がった情報は，完全に消すのはほぼ不可能である。
□「携帯依存症」の人が増加中。（→学力低下，体を壊す。）特徴が3つある。
①トイレや風呂に携帯を持ち込む。②5〜15分以内に返信がないとイライラする。③眠っていてもメールが来ると，目が覚める。
□スマートフォンは，通常の携帯電話以上に危険。（慎重に使う必要あり。）
例）アプリダウンロードでワンクリック詐欺や番号・アドレス漏えい
□スマホには，「ウイルス対策ソフト」「アプリの安全対策ソフト」を入れる。
□「フィルタリング」をかけると，有害サイトから自分の身を守ってくれる。
□入社前に，合格者の名前を検索してその人の情報を集める企業もある。
面接で見えない本質を見るため。個人情報のアップは，将来困ることも。

＊警察や携帯電話大手による講演会をもとに著者まとめ

CHAPTER6　行事指導の仕事術

行事指導で「大切なこと」

　学校には，文化祭や合唱祭，体育祭，修学旅行などの大きな行事があります。この行事は，学級担任や生徒にとって，大変貴重な成長機会となります。普段，私たちは授業を通して生徒の主に「知性」を育てていますが，行事では，「人間関係や自主性・協調性」などの「社会性」を重点的に育てることができるからです。高等学校の学習指導要領でも，「特別活動」の〔学校行事〕の「目標」では，次のように書かれています。

> 学校行事を通して，望ましい人間関係を形成し，集団への所属感や連帯感を深め，公共の精神を養い，協力してよりよい学校生活や社会生活を築こうとする自主的，実践的な態度を育てる。（下線は筆者）

　行事では，学級担任はいったいどういった観点で生徒の指導にあたればいいのでしょうか。ここでは，「行事の指導で大切なポイント」を概観します。

1 » 手順

❶ 学習指導要領の「特別活動」〔学校行事〕を読む。
　「特別活動」の目標や内容などのポイントを把握できる。
❷ 提案文書に書かれたその学校での行事「目的」を理解する。
　生徒に分かりやすい言葉で，「今回の行事の目的は…」と語る。
❸ 行事の指導のポイントを読む。（次頁）
❹ 目的を達成するために必要な自分の働きかけを考えて行動する。

2 » 留意点・工夫

● 行事は，行事の前に「目的やねらい」を明確化することが大切。
　結果や楽しさだけにとらわれない。大切なことは行事の後に何が残るか。
● 行事と行事のつながりや，行事と日常のつながりも大切にする。
● 行事は日常と異なる観察・評価をするチャンス。積極的に生徒と関わる。

行事の指導で大切なこと

□その行事の「目的」を確認する。

　行事の目的は，提案資料の最初に書いてある。それを読み，自分なりにその文言を「シンプル」にとらえる。それを生徒に語る。例えば，「この行事の目的は●と●です。つまり，この行事が終わったあとに，●と●がみんなの中に残っている状態を目指します。」と語る。

□優勝や最優秀賞などは「目標」になっても「目的」にはならない。

　「●●賞」などの結果は，学級の団結力や勢いを増すことにはなるが，賞は目標の一つにはなっても，目的にはならない。そのことは生徒に事前に語っておく。行事の目的は，「自主性の伸長」や「人間関係や所属感や連帯感を深めること」「自主性や創造性の発揮」などである。

□行事を通して，生徒と教師，生徒同士の関係をより近づけられる。

　行事はお互いの関係を近づけるためにある。生徒と教師の距離が近くなり，話をあまりしていなかった生徒同士も話をしやすくなる。

□生徒に任せる場面と教師も一緒に行う場面の両方が大切。

　行事は，集団活動を通して「協働の喜び」や「達成感」を味わう学習で，「自発性」や「自主性」「自立性」や「主体性」がいかにはぐくまれたかが大事。教師が介入しすぎると生徒の成長・発達機会を奪う可能性もあるのでバランスを考える。(『生徒指導提要』より)

□本番前後に学級の一体感を感じさせる方法を考える。

例）本番前に，「学級の皆で円陣」を組むといっそう盛り上がる。
例）本番後に，全員で拍手だけでなく「ハイファイブ」(ハイタッチ)をすると，さらに生徒同士の距離が縮まる。行事は青春。

□終了後は，学級全員そろって写真を撮ると青春の記録が残る。

　生徒はカメラを持参不可の場合もある。担任が写真を撮って青春の記録を残す。学級最後のホームルームのスライドショーでも活用できる。

行事は「生徒との関係」を深めるチャンス

　文化祭などの行事では,「望ましい人間関係を形成」したり,「集団への所属感や連帯感を深め」たりするために,学級担任が積極的に生徒に関わることが大切です。「自主性を育てるために,行事はすべて生徒に任せる」という考えもありますが,それだけでは教師と生徒の人間関係の構築にはなりません。生徒がくれた手紙や色紙を読んでも,「行事などで先生が積極的に関わってくれたのはうれしかった」ようです。行事の効果は次のように多いです。

| ①「生徒同士」と「生徒と教師」の関係が深まる。(協力を通して。) |
| これまで話が少なかった人同士でも,行事を通して会話量が増える。 |
| ②生徒の「新たなよい面」を知れる。(生徒理解) |
| 例)「優しい」印象のY君⇒「アイデアがあり,人にも働きかけができる」 |
| ③準備自体が,生徒にとって真の「問題解決型学習」になる。 |
| 文化祭では「大きな看板をどう教室にぶら下げるか」など,次々課題が生じる。これをみんなで案を出して解決する。「知恵」を育む活動でもある。 |

1 » 手順

❶「生徒主体の活動」を保証しながらも「離れすぎず」生徒と関わる。
❷ 必要なサポートをする。(生徒だけではできないことなど。)

2 » 留意点・工夫

● 生徒とよい関係を築くには,できるだけ早くから一緒に活動する。
　「生徒にさせておき,最後に見に行く」だけでは,よい関係を築きにくい。
●「活動には最初から入っておくと関係がスムーズ」なのは,部活指導でも同様。途中からだと,全体がすでに動き出しているので入りにくい。
● 頼まれごとには期待以上に応える。文化祭で森林を作りたいと相談されたときは,親戚の森から竹や笹を大量に持参し,拍手喝采だったことも。

行事を通して人間関係を深めるエピソード（指導日誌より）

❶ よい関係を築くには，活動の最初から関わること

　ある年の文化祭まであと4日という中。私は，放課後に硬式野球部顧問の一人として夏の大会出場に向けた申請業務をしていました。そのため，自分の学級の文化祭準備に参加できていませんでした。後で教室をのぞくと，生徒の様子が違います。「あれ，先生なんで今頃来たの？」というような怪訝な表情。皆がそんな感じだったので私は「しまった」と思いました。その後30分間ほど教室にいましたが，なんとも気まずく，持参したカメラも出せずじまい。

　「途中参加はよくない」ことを実感した私は，翌日は最初から生徒と一緒に活動しました。会場の部屋のカギを開ける，代表生徒と打ち合わせをする，劇の時間を計る…。するとその日は生徒ととてもよい関係で，下校帰りに私を見つけて遠くの校舎から「先生〜」と手を振ってくれる生徒もいました。準備中の生徒との関係を自然によくするには，自分も一員として，最初から活動に入っておくことが大切だと実感した出来事です。（教師と生徒の関係がよいと，彼らのベストを引き出しやすい。）

❷ カメラを向けて生徒が笑顔になるには，普段からの関係も大切

　ある年の体育祭。担任がカメラを向けて生徒が笑顔で写ってくれるには，よい関係（雰囲気）があってこそだと思いました。よい関係でないと，そもそも相手の写真に写ったり，撮ったりしようとは思わないでしょう。

　生徒の笑顔写真は，保護者の方にも喜ばれます。「先生のクラスだと，いっぱい写真を撮ってもらえますね」と話されることもあります。

　「生徒の笑顔写真が撮れるのはよい関係の証拠」と思って，今後も貴重な一瞬を記録しつつ，ともに歩むパートナーとして生徒とよい関係を築いていきたいです。

3 「合唱指導」をすることになったら—心構えと指導技術—

　高校でも中学校と同じように，学級担任が合唱指導をする機会があります。例えば，「合唱コンクール」という行事や，新入生合宿の「校歌指導」や「卒業式に向けた歌唱指導」を担当するなどです。

　いきなりそういう日が来ることもあります。私の場合は高1の担任のとき，新入生合宿会議の中で，「学年の生徒に校歌指導をします。え〜っと（周りを見回して），上山先生よろしくお願いします」。私は「こういう日は来るものだ」「今，学びなさいということだ」と思って引き受けることにしました。

　そうは言っても，合唱指導のノウハウは習ったことはありません。ですから，音楽担当の教員でない先生が行う合唱指導について学ぶ必要があると思い，長谷川博之著『クラス皆が一体化！　中学担任がつくる合唱指導』（明治図書）という本を読むことにしました。170ページほどの1冊で，かなり熱い本でした。心に響く記述が多くありました。高校生の合唱指導に役立ちそうな部分をまとめてみます。（詳細は，ぜひ上掲書をお読みください。）

1 » 手順

❶ 合唱指導の目的を確認する。（なぜこの歌を歌うのか，歌詞の意味は）
❷ 合唱指導に関するポイントを知る。（p.87参照。詳細は上掲書で。）
❸ 指導のポイントを活用して生徒に指導する。
❹ 指導体験から学んだことをメモしておく。（次回の指導に生かせる。）

2 » 留意点・工夫

● 高校生の場合，「なぜこの歌を歌う必要があるのか」「なぜ皆で歌うのか」などの趣旨を理解してもらうことが大切。納得すると声が出やすい。
● 「先生も頑張って勉強したんだ」という気持ちだけでも通じれば，と思う。合唱は，技術だけでなく心。心をまとめられるかは指導者の力。

合唱指導のポイント

『クラス皆が一体化！　中学担任がつくる合唱指導』（明治図書）　要点まとめ

（1）行事の目的や目標を語る
1. 行事でまとまってするときは、「目的・目標をどこに置くか」が一番大切。(一番大切にしているものが出る)
2. 行事でも、「全員参加」「全員本気」「全員成長」「全員」にこだわる，行動する生徒を育てる)。
3. 歌詞の意味や意義をストーリーで語ろう。
4. 合唱は「努力は報われる」体験(「やればできる」自信と「この学級でよかった」一体感。)
   薄い人間関係を信頼できるものに。
5. 「ゴール」イメージを教師が持つ。例）過去の生徒の合唱 DVD 視聴（ゴールイメージを共有）
6. 「合唱する生徒が、どんな心理になっていればいいのか」を考える。これが分かれば指導が変わる。
7. 歌で大切なのは技術じゃない。(合唱部には勝てない) ある期間同じ目標を目指して一人ひとりが具体的な行動，努力を起こす。そしてまとまる。この学級・学校でよかったと思える帰属意識。
8. 「歌う」はもともと「うったう」（訴える）の意味。声を届ける。誰に訴えるか？

（2）声が出ない場合
1. なぜ声が出ないのか(恥ずかしいと決めずにのびのびと表現を)。
2. 校歌の生徒イメージは、「めんどくさい」「恥ずかしい」「かっこ悪い」。
3. 始業式，終業式でいいかげんに校歌を歌う生徒をどう思うだろうか。
4. 歌わなくてもいいと思う？(歌うことはその組織の一員として使命である。)
5. 一人歌わなかったら他の人が2倍カバーしなきゃいけない。
6. 苦手な人も苦手な人なりに大きな声を出す努力をしてくれないと全体としてうまくならない。
   (自分のことは自分でしよう) 「自立と協働」 (今，自分ができることをしよう)

（3）では，どうする？
1. 練習は量ではなく、1回にどれだけ真剣に取り組んだかが大切。
2. 自分の事情より，他の人のために動くことを優先する。(利他の心)
3. 人の価値は言葉でなく、「行動」にある。
4. 全員で歌うことにこだわる。(歌わない子や荒れている子に対し，各自が自分にできることを考え，する)
5. 合唱は目的ではなく手段。うまくなることが目的ではない。
6. 誰だって歌えるようになる，声も出る，歌えないのは練習不足。
7. 教師が一番動く(先生への信頼)。 教師がモデル(すべてのパートを歌える)。
8. メロディ・ハーモニーをそのままに，一人ひとりの声量を大きくする(怒鳴らない)。
9. 曲を感じて歌うために有効な指導は、「木が風で自然と揺れるように歌う」こと。
10. 本気の合唱は，口が大きい，精一杯の声，楽しそう。

（4）最後の言葉
1. 言ったことが学年で10人しかできないか，20人，50人，100人でできるのか，その違いが結果になる。
2. この合唱を日常にどうつなげるかの位置づけをもとう。(合唱は手段であって目的ではない。)
3. 教えて，ほめて，動かす。
4. パート別に数値で評価する。
5. 率先垂範。生徒に要求することは自分もやる。自分にできないことを生徒に要求しない。
6. 部活動ごとに分かれて歌うのもよい(かも)。
7. 自分が発した言葉は，脳は本当のことだと認知する。前向きな言葉をたくさん発しよう。

＊参考　長谷川博之『クラス皆が一体化！　中学担任がつくる合唱指導』（明治図書）まとめ

CHAPTER6 ④ 修学旅行では学びをまとめる

　高校生が最も楽しみにし，高校生活最大の行事は何かと言えば，修学旅行でしょう。最近は，海外に行く学校も増えています。この修学旅行で大切なのは，ここまで見たように，「行事の目的」を確認してそれに合う行動をとることです。例えば，海外修学旅行なら，「集団生活」「集団への所属感」や「国際理解」などが目的になるでしょう。それには，「学級の雰囲気で一体感」をプロデュースすることや，学んだことを記録にまとめておくことが有効です。保護者や生徒に具体的に話せて，学級最後のスライドショーでも活用できます。(p.138参照)

1 》手順

❶ 修学旅行の目的を理解する。
　例）「集団生活」「所属感」「見聞を広める」「公衆道徳」「国際理解」
❷ その目的にかなう行動をとり，発言することで，目的達成を果たす。
❸ 生徒と十分関わり，生徒理解と人間関係の絆を太くする機会とする。
❹ 学んだことをまとめておき，後でも活用する。（残す）

2 》留意点・工夫

●修学旅行での記録手段は主に２つ。一つ目はメモ帳。ガイドの話や観光で得た気づきをメモする。メモしないと忘れる。もう一つは，「ポメラ」というモバイル文具。軽くて持ち運びしやすく，単３電池で動く。旅行や研修会に持参するのに重宝する。修学旅行中は毎日これで記録をまとめるとよい。

ポメラ

●旅行の記録は感想だけでなく，今後に役立つ技術集式にまとめる。（次頁での★マーク。）来年に活用したり，多くの人に貢献できる書き方になる。

海外修学旅行で作成したメモ（一例）

海外修学旅行の3日目（マレーシア現地校訪問・交流　市内観光）まとめ

　海外修学旅行3日目はついに、マレーシアで現地の高校と交流の日。この日のために出し物担当になった生徒は日本で練習や準備を重ねてきた。今回の修学旅行のイベントの中で大きな行事の1つである。

　訪問したのはマレーシアの●●●●中・高等学校。バスで学校に到着すると，太鼓と勢いのあるかけ声で多くの生徒が迎えてくれた。太鼓に合わせたかけ声のリズムは素晴らしかった。初めて聞いたのに，つい一緒に口ずさんでしまったほど。さらに，並んで出迎えてくれた笑顔がとてもよかった。笑顔がよいというのは，相手に対する世界共通のホスピタリティの1つだと思う。生徒にも今後の授業でも「人間関係における笑顔の重要性」を強く伝えていきたいと改めて思った。
　★笑顔は良好な関係を作るのに重要。

　生徒に案内されて体育館に入ると，WELCOMEと書かれた看板や手の込んだ飾り付けなどがあり，彼らが心を込めて準備をしてくれていたのが伝わってきた。こういう準備の気持ちは相手に伝わる。
　★誠意は伝わる。誠意を込めて相手を迎える準備をしよう。

　今回，本校生徒会長の代表挨拶や有志によるダンスの発表を見て思ったことがある。それは，彼らはかっこいいということ。I'm proud of you. I'm jealous. とさえ思った。生徒会長は多文化社会の相手に合わせて挨拶を英語，マレー語，中国語を織り交ぜて行った（現地の生徒はマレー系、インド系、中国系）。特に中国語のときは場内から歓声が起こった。マレーシアの学校なので，日本代表のあいさつにマレー語が入ることは予想できていても，まさか中国語までは予想していなかったからだと思う。しかも相当長く中国語で話した。相手の期待を上回るパフォーマンス。生徒会長の彼は，日本での学校生活も含めていろんな場での発表を経験してどんどん力を高めている。人を成長させるのは機会である。
　★緊張場面を繰り返して人は力をつけていく。

　素晴らしかったのは，本校からの応援ダンスの発表もである。これは，9月の体育祭の優勝チームによる発表。体育祭での演技に改良が加えられ，さらにすばらしくなっていた。たとえば，最初と最後に日本風の音楽とお辞儀を取り入れたり，生徒会長が得意なパントマイムを演じたり，汗をかきながら笑顔で全身で表現していた。ものすごくかっこいいと思った。輝いていた。うらやましかった。これからも生徒のよさを発表する場を持ちたいと思った。輝く生徒が増えていく。
　★発表や準備は細部まで準備する。相手への誠意であり，自分たちの力もそれだけ高まる。

　現地の学校の発表は，各民族からの音楽と踊り。見ていて思ったのは，自分たちが生きている今この瞬間に，自分たち日本人とはまったく異なる民族がこの地球では確かに生きているということ。普段頭の中では知識としては知っていても，日本では他民族の存在を意識することはほとんどない。体験を通してこういった感覚が学べたことは，国際感覚の観点でも，国際協調（平和）の観点からも大切な経験だったかと思う。
　★海外旅行をすると、地球上では自分と異なる他者（他民族）が確かに存在していることが実感できる。

　（続く）

＊★部分は学びの要点

CHAPTER 6　行事指導の仕事術

行事の後にはすぐに写真をまとめる―学級経営のうまいコツ―

体育祭や文化祭などの行事には、大切な役割があります。生徒同士の交流がいつもよりダイナミックになることで、人間関係がさらに潤滑になったり、学級の団結力を強めたりすることです。(p.83参照。)加えて、行事が終わった後には写真をまとめ、翌日これを掲示するとさらに効果が高まります。

1 » 手順

❶ 行事にはデジカメを持参して、生徒の様子を写真に収める。
❷ 行事が終わった後は、忙しくてもその日のうちに写真をまとめる。
❸ 行事の翌日に学級で写真を掲示する。(生徒は、自分の写真を探す。)

2 » 留意点・工夫

- 写真は生徒が笑顔で写っているものを使う。思い出がさらによくなる。いい写真を撮るには、事前に「笑顔がいい人は、人生１割得するそうです」「いい顔で写真に写ることは大切。写真は残るから」と声をかけておく。
- まとめる大きさはＢ４からＡ３の大きさで、ラミネートして学級に飾る。
- 写真は、三者懇談などで保護者の方にもお見せする。我が子が学校でどう過ごしているのか、保護者の方も知ることができる。(p.101参照)
- ポーズを多くとる生徒をどうしても多く撮ってしまいがち。生徒を万遍なく撮る。生徒にも「全員写っているか確認しています」と伝える。
- 写真が嫌いな生徒もいる。生徒に「この写真は替えてほしい」というのがあれば、遠慮なく伝えてください。替えますね。」と伝えると安心する。
- 行事が終わったその日に写真をまとめ、翌日に学級に貼るまでが「行事の一連の流れ」。生徒はすぐに楽しさを思い出し、他の学級の生徒も写真を見て「いいなぁ」と声がもれる。また、先生の頑張りも暗に伝わる。
- 集めた写真は、学級の最後の日に見るＤＶＤの写真にもなる。

行事写真は，教室後方の壁に掲示する

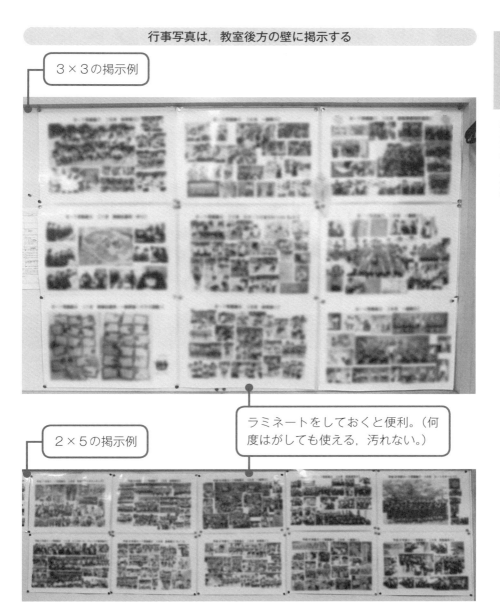

3×3の掲示例

ラミネートをしておくと便利。(何度はがしても使える，汚れない。)

2×5の掲示例

CHAPTER 6 行事指導の仕事術

CHAPTER7 保護者連携・三者懇談の仕事術

保護者との連携・面談のポイント

　生徒の教育をうまく進めるには，保護者との連携が大切です。学校と保護者は生徒の教育の「両輪」だからです。生徒は双方から大きな影響を受けるので，両者が同じ方向を向いて取り組むことが大切です。保護者とよい関係をつくったり面談をしたりするときのポイントを次頁にまとめてみました。

1 》手順

❶ 保護者とよい関係をつくることには大きな意義があることを理解する。
❷ 何事も生じていないときによい関係を築いておこうと努める。
　連携法）電話，通信，手紙，家庭訪問，懇談など
❸ 何かあったときには，次頁のようなポイントを頭に入れて対応する。

2 》留意点・工夫

● ふだん保護者に連絡をするのは，生徒が欠席した日のことが多い。
　欠席日に「電話や家庭訪問をしておいてよかった」ケースも何度かある。

> 　体育祭前日に体調不良で欠席した生徒の家庭訪問をしたときのこと。玄関に保護者の方が出てこられ，「あら先生，うちの子，何か悪いことをしましたか」。私は「いえいえ，今日休んだ人に明日の体育祭で必要なゼッケンを届けに来たんですよ」と伝えると，「え？　欠席？」。一瞬，間があき，家の中の娘（生徒）に向かって，「どういうこと？」。「先生，いいタイミングで来てくださいました。これから話します」「また連絡します」と別れた。
> 　翌朝，電話で事情が判明。生徒は遅刻しそうな時刻に家を出たが，体育祭練習に必要な体操服を忘れ取りに戻った。すでに遅刻なため，自分で学校に「体調不良で欠席」と電話をした。叱られると思って保護者には伝えていなかった…。（その生徒は反省し，その後よく頑張りました。）

● 欠席理由が「腹痛」だと「心理的なケア」を検討する。（家庭訪問等）

保護者との連携・面談のポイント

□何事も生じていないときに保護者とよい関係を築いておく。
（信頼感のある学級開きや授業をする，よいことで家庭連絡をする。）

□可能な限り直接会って話をする。
可能な限り直接会って話をする。難しい話のときは特にそう。電話だと相手の表情が見えないので，エスカレートすることがある。以前の勤務先の校長先生から「教育は今日行くことです」と教わった。

□電話連絡では率直に問題を伝える。
呼び出し面接では，「とにかく来てください」とあいまいに言うのでなく，率直に問題を伝える。その際，「～で困っています」よりも「～なので心配しています」と，生徒の問題解決が目的と伝える。

□来校してくださった労をねぎらう。
自発にせよ呼び出しにせよ，「雨のなか，大変でしたね」などといった来校した親に労をねぎらう言葉をかける。

□プラスの情報・具体的な話を準備しておく。
あらかじめ他の教員からも生徒についてのプラス情報を得ておく。
理念ではなく，具体的な話をするようにする。

□まずは保護者の話に耳を傾ける。
言い訳や口をはさまずに，まずはじっくり話を聞く。その際，「大事なお話ですから，メモをとらせてください」と断ってメモをとる。

□問題点を指摘するときは次のことに注意する。
生徒や保護者の問題を指摘する時には，学校はどうしようと考えているか，家庭には何をしてもらいたいかも加えて，前向きな話にする。

□時間は長すぎないようにする。
長くても1時間から2時間にする。時間をおくと展開しやすくなる。

＊『生徒指導提要』を参考に，著者の経験を加えて作成。

CHAPTER 7

② 保護者との初顔合わせは誠意をもって準備する

　高2や高3を担任した場合は，保護者の方との初顔合わせが，年度当初のPTA総会や学年懇談会などの場合が多いでしょう。(高1は入学式。)
　はじめてお互いに顔を合わせる機会はとても重要です。これは，保護者の立場になってみるとよく分かります。「大切な我が子の担任は，どのような先生だろうか。安心して任せられるか。信頼できるか」。今後の望ましい関係づくりにおいても，第一印象が決まる「最初の出会いの場」は大切です。保護者の方に喜んでいただくには，どのような心構えや準備が必要でしょうか。

1 》手順

❶ 初顔合わせに向けて誠意をもって十分準備する。(一例)
　①学級に掲示している「ラミネート行事写真」(p.91参照) を準備する。
　②学級開きで使った「スケッチブック式自己紹介」(p.48準備)を準備する。
　③出席者の名前を確認しておく。(出欠票より)

❷ 顔合わせ当日にすること。
　①笑顔で保護者の方を迎える。(和やかな雰囲気)
　②担任と副担任が「自己紹介スケッチブック」を使いながら自己紹介する。(喜んでいただける)
　③保護者の方に自己紹介をしていただく。(名前，部活，家での様子など)

2 》留意点・工夫

● 生徒が笑顔で写った写真は，「我が子も笑顔だ」と安心される。
● 教師の自己紹介では本気度を伝える。例)「生徒とは一生の付き合いだと思って，責任をもってこの一年間を大切に指導させていただきます。」
● 「進路志望内訳」など，担任独自の「おみやげ資料」を準備するなど，「来てよかった」と思ってもらえ，誠意を伝えることがよい関係を育む。

三者懇談の効果的なやり方① —準備編—

　学期末や長期休暇に入ると三者懇談（担任，生徒，保護者）を実施します。このとき，いくつか配慮点があります。例えば，保護者に希望日時を募るときは，遅くとも１か月前には日時を連絡することです。７月20日頃に三者懇談を行うなら，６月中にはお伝えする。保護者の中には，勤務先に１か月後の勤務シフトを提出しておかなければならない会社もあるからです。

　懇談日時を決定する方法は，大きく２種類あります。教室で懇談の時間枠を示して「生徒に直接記入させる」簡易的な方法と，保護者に文書を渡して希望日時を書いてもらい，それを「担任が調整する」方法です。後者は時間がかかりますが，保護者を通す分，問題が少なくなります。ここでは，後者の担任が調整する方法で，どのように三者懇談のお知らせ・希望日集約・実施の伝達をするか【準備編】をご紹介します。（p.99からは【当日編】。）

1 » 手順

❶ 三者懇談の実施日等を記載した文書を保護者に渡す。（p.96参照）
❷ 保護者は，生徒を通して希望日時を担任に提出する。
❸ 担任は，日時を調整して，保護者に決定文書を渡す。（p.97，p.98参照）

2 » 留意点・工夫

● 保護者の方には，できるだけ早く懇談日程をお知らせする。目安は１か月前。「いつでもよい」の枠を設けると時間調整がしやすい。（資料①）
● 保護者から回収した希望日時を資料②を使って書き込み調整する。
　全員第一（第二）希望になるよう配慮する。調整枠を設ける。
● 兄弟姉妹が在学の場合は，同一日になるよう，教員間で連携する。
● 配布文書を作成したら起案するなどして，文書をチェックしてもらう。
　例）適切な文章か，全員分の名前が正しく入っているかどうか，など。

三者懇談の案内プリント（資料①）

平成●年●月●日

●年●組保護者　様

●●立●●高等学校
●年●組担任　●●●●

●年●組　「夏季三者懇談」について（ご案内）

　盛夏の候，保護者の皆様におかれましてはますますご健勝のこととお喜び申し上げます。平素から本校教育に格別のご理解とご協力を賜り，感謝申し上げます。
　さて，本校では，以下の日程で「夏季三者懇談」を実施します。1学期の学習状況と成績についてお知らせするとともに，校内進路読解会議での審議内容や各種模擬試験の結果をもとに，今後の学習計画等について懇談を行います。
　つきましては，ご希望の懇談日時をご記入の上，<u>6月26日（木）</u>までに生徒を通じて担任にご提出ください。正式な日時が決まり次第，再度ご連絡いたします。
　ご多用中とは存じますが，ぜひご出席くださいますよう，お願い申し上げます。

■日　時	7月28日（月）　9:00～16:30
	7月29日（火）　9:00～16:30
	7月30日（水）　9:00～<u>12:00</u>(最大8名)
■その他	○1人 15～20分程度の予定です。
	○会場は，中棟3階の●年●組教室を予定しています。（スリッパをご持参ください。）

------------------------- 切り取り線 -------------------------

　　　　　　●年　●組　（　　）番　生徒名（　　　　　　　　　　　）
（1）三者懇談希望日時

第1希望	7月（　　）日　□（　　：　　）頃 □<u>午前</u>ならいつでもよい □<u>午後</u>ならいつでもよい □<u>この日</u>ならいつでもよい（大変助かります）
第2希望	7月（　　）日　□（　　：　　）頃 □<u>午前</u>ならいつでもよい □<u>午後</u>ならいつでもよい □<u>この日</u>ならいつでもよい（大変助かります）
第3希望	7月（　　）日　□（　　：　　）頃 □<u>午前</u>ならいつでもよい □<u>午後</u>ならいつでもよい □<u>この日</u>ならいつでもよい（大変助かります）

※三者懇談のご希望日時をお書きの上，該当欄にチェック（☑）をお願いします（<u>第3希望まで</u>）。
※後日，日程調整をしてお知らせいたします。
（2）特に相談したいことがあればご記入ください。
　　　＊できるだけ詳しくお願いします。＊電話でご相談されても大丈夫です。（学校　○○○-○○○○）

三者懇談の調整用紙（資料②）

三者懇談 時間設定用紙

	7月28日（月）	7月29日（火）	7月30日（水）
9:00			
9:15			
9:20			
9:35			
9:40			
9:55			
10:00			
10:15			
10:20			
10:35			
10:40			
10:55			
11:00			
11:15			
11:20			
11:35			
11:40			
11:55			
午前ならOK			
13:30			
13:45			
13:50			
14:05			
14:10			
14:25			
14:30			
14:45			
14:50			
15:05			
15:10			
15:25			
15:30			
15:45			
15:50			
16:05			
16:10			
16:25			
16:30			
16:45			
午後ならOK			
一日中OK			

CHAPTER 7　保護者連携・三者懇談の仕事術

三者懇談の決定プリント（資料③）

＊以下の生徒名は仮名。

平成●年●月●日（●）

●年●組保護者の皆様

●年●組　夏季三者懇談日程（お知らせ）

●●立●●高等学校
●年●組担任　●●●●

　平素より大変お世話になっております。
　先日は，三者懇談の希望日時をお知らせいただきまして，ありがとうございました。
　次のとおり懇談日程を計画いたしましたので，ご多用中とは存じますが，ぜひともご出席くださいますよう，お願い申し上げます。
　なお，懇談に際して何か希望等がございましたら，遠慮なく担任まで事前にご相談ください。
　（◆部分への日時の変更も可能ですので，希望があれば生徒を通じてお申し出ください。）

	7月28日（月）	7月29日（火）	7月30日（水）
9:00	7　五島　泰助	13　樽本　健太	◆
9:20	◆	◆	26　矢田　京子
9:40	2　市川　修三	8　坂田　詩織	◆
10:00		23　宮本　亜季	31　吉田　隆
10:20			
10:40		22　美濃本　香	28　山岡　翔太
11:00		21　松井　絵里	10　杉の原紗江
11:20	29　山手　二郎	20　古田　京子	15　長本　春香
11:40	9　坂田　幸助	18　羽原　理絵	12　舘　美穂
13:30	5　内田　由紀	17　花本　雅夫	
13:50	14　徳長　誠二	19　坂東　明子	
14:10	4　入江　幸子	1　石本　公平	
14:30			
14:50	◆	6　大坂　留美	
15:10	25　柳瀬　裕子	11　鈴木　真美	
15:30	32　渡辺　良子	30　山本　浩太	
15:50			
16:10	27　山内田和也	24　森安　和弘	
16:30	3　猪瀬　綾	16　西江　卓也	

※　会場は，●年●組教室（中棟3階）です。
※　懇談は，一人15分程度の予定です。
※　懇談内容は，学習・生活のようす，進路希望，科目選択登録，修学旅行等についてです。
※　スリッパをご持参ください。
※　生徒は，制服を着用してください。
※　何かありましたら学校までご連絡ください。　　　連絡先　TEL　●●●●

三者懇談の効果的なやり方② —当日編—

先ほどは，三者懇談（担任，生徒，保護者）の準備を確認しました。「案内配布」→「希望日時の募集・調整」→「決定通知配布」という流れでした。

続いて，三者懇談の【当日編】です。三者懇談の実施では，どのような準備が必要か見てみましょう。「レジュメの準備」→「資料の準備」→「懇談会場の整備」の３つについて，それぞれのポイントを確認していきます。

1 » 手順

❶ 三者懇談で話す議題を「レジュメ」に書き出す。
　・「三者懇談の議題」（p.100参照）を懇談控室（待合場所）に掲示する。
　・懇談机上にも置く。（それを見て進行すると，明確で漏れがない。）

❷ 三者懇談で必要な資料を準備する。（配布物，担任手持ち資料）

配布資料 （例）	□成績表　□学習状況データ（国数英）□模試結果　□PTA新聞 □進路読解資料（個票）　□生徒指導通信　□学年だより □教科連絡票（該当者）　□夏季補習と夏季課題について
担任手持ち資料 （例）	□懇談の順番表　□通知表　□個人成績表　□学習状況データ □長期休暇の心得（生徒指導部）　□長期課題の一覧　□読解資料（志望先の偏差値を入れて）□模試結果　□志望校一覧　□参考書籍　□Perfect Book（学部・学科や難易度・受験科目が分かる） □タイマー　□螢雪時代（どの資格をどこでとれるか調べる）

❸ 控室（待合場所）を清掃し，机やイス（４脚）・資料を準備をする。

2 » 留意点・工夫

● 保護者は忙しい中，学校に来てくださる。教師は，会場準備も含めて，誠意やホスピタリティを持って全力で準備し，充実した機会にする。
● 予定時刻を守ることは大切。長くなりそうなら，別の枠を提案する。

三者懇談のレジュメ

待合室に掲示し，懇談の机上にも置いておく。

●年●学期

三者懇談の議題（約１５分間）

三者懇談の中では，次のような項目について話し合う予定です。
◆の部分は生徒に語ってもらう項目です。全部で３回ありますので，考えておいてください。

(1) 1学期の振り返り（現状を自己評価）
　　◆【生徒①】学校と家庭での学習状況を，100点満点で自己評価してください。
　　（目的：本人が理想と現実をどうとらえているかを把握する。）

(2) 期末テストと通知表について
　　□学習時間・方法・内容
　　□提出物
　　□改善が必要な科目（教科連絡票・赤点科目等）

(3) 模試結果・進路読解資料について
　　□全般的な学力（全国・校内）の確認
　　□長所・課題の発見
　　□今後の学習の重点（具体的に）

(4) 進路希望・高校3年次科目登録内容の確認
　　□進路志望
　　□科目選択
　　□押印確認
　　◆【生徒②】自分の将来の志望・科目選択の理由を語ってください。

(5) 夏休みの生活・学習について（弱点補強）
　　□夏休み中の生活や携帯電話の扱い（生徒指導通信）
　　□次回の模試（●●模試　8／23）
　　□夏休みの課題
　　◆【生徒③】本日の懇談をまとめて，今後何を重点的に取り組むか語ってください。（学習・生活面）

(6) その他
　　□健康診断の結果（保健室より）
　　□部活動
　　□修学旅行について（任意の保険の申し込みがあればご提出ください。）
　　□その他（質問・相談等）

　　　　　　　　　　　以上，大きく6点について話し合いたいと思います。
　　　　　　　　　　　それでは，時間までリラックスしてお待ちください。　上山

三者懇談会場（控室）の様子

控室には，受験雑誌や学級写真等を置いておく。

誠意をもって，主に，次のような準備を行う。

□三者懇談の日程表を掲示する。 （自分の時間帯の確認）
□三者懇談の議題プリントをラミネートして掲示する。（懇談でどのような議題になるか確認でき，心の準備もできる。）
□配布資料を置いておく。 （個人情報以外。待ち時間に読める。）
□クラス写真を掲示する。 （保護者は生徒の様子を知ることができる。我が子の笑顔はうれしい。）
□イスは4脚準備する。
□会場の暑さ・寒さにも気を配る。 （窓を開ける，「寒かったでしょう」とねぎらいの言葉をかける　等）
□会場の掃除をする。

●年●組　三者懇談会

本日は、お忙しい中お越しいただきありがとうございます。
できるだけ日程表の時間通りに進めたいと思います。
資料を一部ずつお取りになり、今しばらくお待ち下さい。

担任
●●

●教室の入り口への掲示例

保護者に成績を郵送する！早くて確実に封筒詰めする方法

学校から保護者の方や他の学校に封筒を郵送する機会があります。たとえば，成績や研究会案内などです。この封筒詰めはけっこう時間がかかります。そこで，封筒詰めを早くきれいに仕上げる方法についてご紹介します。

1 » 手順

❶ 同封する資料を同じ大きさにそろえる。（B4も縮小してA4にする。）
❷ 帳合する。（帳合機があれば早いが，なければ1枚ずつ手で取る。）
❸ 資料を封筒に入れる大きさに折って封筒に詰める。
　折り機を使うと詰まって破れることがある。重要な資料は手作業が安全。
❹ 封筒裏にのりをつける。
　のりづけする前に，「折り目」をつけておくと，その後に折りやすい。
　封筒は5～7つ並べて「一気」に塗る。（同じ作業は同時に。）
❺ 裏に「緘」というスタンプを押す。（「担当者以外開封禁止」の意味）
❻ 最終確認する。（のりづけの四隅がはがれていないか，人数分あるか。）

2 » 留意点・工夫

● 成績送付など，ミスがあってはならないものは必ず複数で作業する。
　以前担任した保護者で銀行勤めの方から教えていただいたことだが，銀行ではお客様に郵送する場合，一人が確認して詰めた後にさらにもう2人が確認してミスを防ぐそう。学校でも，ミス防止のために参考にできる。
● 封筒に入れる際は，同封するものが同じ宛先かどうか確認する。
● のりづけは端までていねいに。端がはがれると誠意に欠けて見える。
● 仕事を早くするコツは，「同じ作業は同時に行う」こと。例えば，のりを塗る時は封筒を1枚ずつ塗らず一気に5～7つ塗る。（p.103参照）印刷するときも同様。複数の印刷物を同時に行う。

のりを貼る時は，多数を並べて一気に塗る

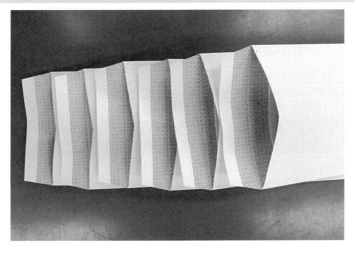

裏に「緘」を押す

転学を考える生徒をどうサポートするか（進学相談）

在籍校での卒業が難しくなったなど，生徒は様々な事情で転学して「高校卒業資格」を取得することを考える場合があります。このとき担任はどうサポートし，また，実際の転学事務ではどのような手順が必要になるでしょうか。

1 » 手順

❶ 生徒・保護者の意向を丁寧に聞く。
❷ 全日制以外の卒業資格を得る方法について情報提供する。（資料①）
　希望なら通信制について情報提供する。（資料②）
❸ （転学か在学かで悩んでいる場合は）双方を比較・検討する。
❹ （問い合わせ先で進学相談が必要なら）早めに保護者に連絡する。
❺ 単位の互換には，成績証明書が必要となる。
❻ （転学が決まったら）転学事務を確実に進める。

2 » 留意点・工夫

● 転学に関する話は重大な個人情報なので，特に慎重に話を進める。
● 卒業資格を得る方法は（地域によって）さまざまある。定時制や通信制に勤務された経験のある先生に話を聞いたり，HP で調べたりする。1回調べたことは p.106 のようにプリントにまとめておくと，別の機会にも役立つし，他の先生方にも役立ててもらえる。
● 転学には，踏むべきステップがたくさんある。転学試験などの関係で，出願の期間が限られている場合も多いので，慎重に迅速な情報収集を行う。
● 転学していく生徒にも，心を込めて十分なサポートを行う。
　転学先で卒業した生徒から電話があり，「先生，学校おられますか？　今日卒業したんですよ。卒業証書を見せに行こうと思って」とあいさつに来てくれた。転学後もよい関係が続くのは，教師としてもうれしい。

転学を考えている生徒がいた場合に担任がすること一覧

☐ 生徒・保護者の意向を丁寧に聞く。

例）生徒：「このような事情で，通信制への転学を考えている」
　　保護者：「本校で卒業が一番だが，本人の希望を優先する」

☐ 全日制以外の卒業資格を得る方法について情報提供する。（資料①）

　全日制・通信制・定時制・高卒認定などの制度や特徴について話す。一度これらの情報をまとめておくと，次の機会でも役立つ。

☐ 通信制の概要についてまとめたプリントで情報提供する。（資料②）

　本人が「通信制」を希望する場合は，通信制の仕組みを詳しく伝える。多くの生徒は「レポート提出」くらいで「スクーリング」や「テスト」の存在を知らない。学校の説明会に参加すれば資料をもらえる。

☐ （転学か在学かで悩んでいる場合は）双方を比較・検討する。

　転学するか，転学せずに頑張るのかを決めかねている場合は，具体的な情報があるとメリット・デメリットを比較しやすくなる。例えば，近くの学校に電話をし，「転学を考えている生徒がいるがこれから可能か」「卒業までの期間は」などと尋ねてみる。ＨＰでも調べる。

☐ （問い合わせ先で進学相談が必要なら）保護者にすぐ連絡する。

　「まずは保護者から電話がほしい」という学校もある。保護者が連絡すると，進学相談（訪問）の日時が決まる。

☐ 単位の互換には，成績証明書が必要。

　高２以上の場合，在籍校で取得した単位が転学先でも認められるものが多い。保護者と生徒で学校に進学相談に行くときは成績証明書などを持参する。（すると，どの程度単位が認められるのかを確認できる。）

☐ （転学が決まったら）転学事務を確実に進める。

　転学が決まったら，転学先に求められる資料（学籍・就学状況証明書・転学照会状・科目別履修状況証明書など）を準備する。最後まで支える。

高卒資格をとる方法（資料①）

高卒（同等）資格の取得法について

1　高卒（または高卒同等）資格が必要な理由

専門学校や大学への進学には、高卒（または高卒同等）資格が必要。学歴は就職や生涯賃金でも重要。
生涯賃金：【男】**中卒（１億８千万）　高卒（２億）　高専・短大（２億）　大卒（男２億５千万）**
　　　　　【女】**中卒（１億１千万）　高卒（１億３千万）　高専・短大（１億６千万）　大卒（２億）**

（「生涯賃金」の出典：労働政策研究・研修機構『ユースフル労働統計2013』）

2　高卒資格をとる方法（全日制の高校を卒業する以外で）
　①全日制・定時制・通信制・単位制高校入学後の　編入（退学して）・転入（退学せず）
　②高等学校卒業程度認定試験（高卒認定試験）　＊昔でいう「大検」の合格　　③海外の高校留学
　④その他（盲学校高等部への入学・高卒認定と定時制との併用・海員学校本科への入学等）

(1) 公立高校の全日制
　　転居を伴わない場合、学期途中に公立高から公立高へ転入することは難しい。

(2) 私立の全日制
　　欠席日数で問題がない場合、年度途中でも公立高から私立高に転入できることはある。
　　（中退者受け入れ宣言をしている私立学校の場合。ただし、入試等の関係があるので時期による。）
　　　例）●●高校・・・

(3) 通信制（課題を郵送でやりとりし、基本的には自宅学習＋月２～３回の「スクーリング」）
　　①「**レポート**」（添削指導）（B4・1枚/週）と「**スクーリング**」（月２～３回の面接指導）と「**定期考査**」
　　　例）●●高校：４年修了が基本（木曜スクーリング）　　私立：一斉授業＆個別授業選択可）
　　　　　●●学園：３コース（週４、２、１日）：いつでも転学可能。
　　②私立の学費は、１単位7000～8000円（授業料減免の可能性あり）。公立の●高は、年２万円程度。
　　③卒業に必要な単位は、７４単位以上（卒業要件）。前籍校の出席日数や修得単位を加算できる。
　　④行事もある（文化祭・体育祭・遠足・定期試験）。３年間で３０単位以上の特別活動への出席が必要。
　　⑤定期は買えないが、学生証はある（映画等の学割等が使える）。
　　⑥３年間で卒業可能（だが、３年で卒業できる人は少ない。卒業できるのは半数以下という情報も。
　　⑦入学は一番しやすいが、続けるのが一番難しい形態の学校（自力で計画的に学習する必要がある）。
　　　・その為、学習援助をする学習塾、フリースクール等がある。（例：●●）

(4) 定時制（基本的に登校する）
　　①多くは公立高だが、私立高の定時制もある。
　　　例）【公立】●●高校　・・・　【私立】●●高校　・・・
　　②公立高の定時制には通学学区なし。その都道府県に住んでいるか、勤務先があれば入学可能。
　　③入学時の学力については、あまり心配しなくてよい。（作文、面接、および基礎学力検査がある場合も）
　　④夜だけでなく、昼の定時制もある。（例：●●高校）
　　⑤学割や卒業資格も全日制と同じ。全日制ほど校則が厳しくない。制服はあるが着ないでもよい。
　　⑥１日の学習時間が全日制より少ない（１日５０分×４時間）。
　　⑦０時間目、５時間目の授業をしている学校もある（３年間で修了したい人のため）。
　　⑧通常は４年間で卒業。（通信制や高認との併用で、３年で卒業できる学校も増えている：３修制）
　　⑨「働けるなら、働きましょう」（もともと働く人たちの学習機会提供が定時発祥の考え方）。
　　⑩勤労学生は、教科書代や授業料の減免あり。
　　⑪「昼間働き、夜学ぶ生活スタイルが確立された生徒は、卒業率が高い」（強い意志は必要）。
　　⑫どの学校もほとんど同じレベル。なかなか続かない生徒もいる。
　　⑬単位制：７４単位で卒業（本校の１年生は３１単位、２年生は３２単位修得）
　　⑭担任と本人で就学相談をして、転学の相談をする必要がある。（できれば校長紹介があれば）

(5)「高認」（高等学校卒業程度認定試験）＊昔でいう「大検」
　　①高卒者と同等以上の学力があることを認定する試験（合格者には大学・専門への受験資格）。
　　②従来の大学入学資格検定（大検）と同様、高等学校卒業の学歴を与えられるものではない。
　　③受験は、年２回（８月・１１月）。中堅校の高１レベルの基本問題。数教科ずつから受験可能。
　　④１１～１２科目全てに合格しても、大学入試の受験資格が得られるのは、満１８歳になってから。
　　⑤合格した教科は、単位制の定時制や通信制高校で単位として認められることもある。
　　⑥詳細は文科省HPにて。願書配布（４月～）出願期間（５月～６月）試験（８月、１１月）

＊進路就職研究会編『定時制・通信制高校と大検の活用　高卒「同等」資格合格への近道』（桐書房）と勤務校の先生方から伺った話のまとめ

通信制高校について(資料②)

通信制高校(●●高校)について ー「通信制説明会」レポートー

●●高校説明会のまとめ

1 通信制とはどのような学校か?

【通信制とは】	働きながら毎日登校するのが困難な人に、「学習機会」を提供するための学校。
【基　本】	基本的には、「仕事(やアルバイト・専門学校)」をしながら通う学校。 通信制は「自学自習」が中心(=意識や、学習を継続するのに大変な困難が伴う)。
【学習の中心】	学習の3本柱は、「課題(レポート)」「スクーリング(年間40日)」「テスト」。 *スクーリングに参加できても、課題(レポート)提出が難しい人も多く、 　3つ全てできて卒業できるのは3割程度。*レポート提出は、郵送or持参。
【入学・卒業】	●●高校は、毎年入学者100人、卒業50人。(残りは除籍や退学など)
【入学状況】	平成●●年度(入学者121人の内訳)

	新入学	転入学	編入学	再入学	計
前期(春)入学	41人	26人	27人	4人	98人
後期(秋)入学	8人	11人	4人	—	23人

【在籍生徒】	在籍は200~300人で、受講者は100人(残りは、受講届けを出していない)。
【平均年齢】	在籍生徒の平均年齢は28歳。 (10代:30%、20代:35%、30代:40%、40代:14%、他60代もおられる)
【進路状況】	就職以外にも、大学進学者(●●大学等)も。
【定　期】	毎日通わないので、定期はない。

2 学習内容・その他

【コース】	「3修制」(3年以上で卒業)と「4修制」(4年以上で卒業)の2つのコースがある。 *後期(秋)入学の場合、上記期間プラス半年が加算される。 「3修制」:大変忙しい(3年次のスクーリングは、全て出席する意識が必要)。 例) 生物:3年次だけで、4単位ある。 *スクーリングは出席規定回数あり(科目によって異なる)。 *特活は卒業までに30時間以上の出席が必要。　　卒業には74単位以上。
【スクーリング】	○日曜:本校:月2回・第1/3週、50分授業×7限、8:50~16:20) ○木曜(隔週で月2回、50分×3限、18:00~20:50) ○協力校(●●)・巡回校(●●)←授業でなく、レポートをする。
【必要経費】	授業料は(現在)原則無料(3年以上の転入学者は必要)。 諸費3000円+教科書代20000円=23000円/年
【行　事】	全日制とほぼ同じ(体育祭、文化祭、修学旅行:1泊2日で3万円程度、発表会等)。
【宿泊棟】	学校には宿泊棟もある(県外から通う生徒がスクーリングの前泊をするため。)

3 入試関連情報

【入学には】	全日制(毎日登校)と通信制の学校の違いや,なぜ通うのかを認識して入学すること。
【卒業には】	「通信制は楽だから」と思っていると卒業できない。卒業には高い意識が必要。
【編・転入学】	編・転入学には、本人・保護者・担任と「入学相談」(情報提供とケース相談)が必要。 *転入:高校在籍中に「転学」する　*編入:高校を「退学」して入学する。
【出　願】	3月1日(火)~25日(金)正午
【入　試】	3月1日(火)~16日(水)に出願した人⇒3月20日(日)に入試 3月16日(水)~25日(金)に出願した人⇒3月29日(火)に入試
【発　表】	3月31日(木)正午(玄関前に貼りだし)*本人に郵送も行う
【出願まで】	①問い合わせ電話(●●:入試相談日の日時を決定する) ②入学相談(本人、保護者、担任と)1月24日~2月28日　約1時間 ③書類受け取り ④願書提出(転学紹介、在学証明書等。取得単位が0でも成績証明書が必要)

*ある通信制高校の入学説明会の情報をもとにまとめ

CHAPTER 7　保護者連携・三者懇談の仕事術

CHAPTER 8　進路指導の仕事術

-1 大学進学に関する月別重要事項と指導ポイント

　学校の状況によって異なりますが，大学進学を希望する生徒が多い学校に勤めている場合は，高3の夏休み（7月頃）から一般入試（3月）までの8か月間は生徒も教師も相当大変な期間が続くことになります。さらに，本格的な大学入試に向けた勉強を高2の秋から行うとなると，生徒の気持ちを受験モードに切り替え「受験生」として本格的に指導し続ける期間は，約一年半にもわたることになります。それぞれの時期で進路指導をするにあたって，大切なことはどのようなことなのでしょうか。

1 » 手順

❶ 各学校で「入試に向けたスケジュール」を作成・確認する。
　できれば，右頁のような月別の簡易表を作成すると，皆が理解しやすい。
❷ 入試スケジュールを考えた上で，学年会でその学年に合う方針を出す。
❸ 学年で決めたことに従って，各担任で歩調を合わせて指導する。
❹ 常に最新の情報を得るよう努める。（受験雑誌，予備校の研修会等。）
❺ 進路に詳しい同僚の先生から話を聞く。（聞いた話はメモして残す。）

2 » 留意点・工夫

● 生徒に本格的な受験勉強開始を促すのにぜひ見せたい資料がある。
　河合塾の『進学講習会資料』「君はなぜ失敗したか」という浪人生への調査で，上位3つは「①勉強不足　②勉強開始の遅れ　③計画性・集中力のなさ」だった。
● 受験勉強は「後送り」しやすいが，新課程による理科の負担増により，文系・理系ともに，英数国の完成の「早期化」を促す必要がある。
● 高校2年生の秋に「弱点分野が多い」ほどその後の成績は下がり，「国数英のバランス」が良いと，その後伸びる傾向がある。（p.111参照）

高2秋以降の大学進学に関する月別重要事項と指導ポイント

年	月	重要事項	ポイント
高2	9月	□本格的な受験勉強開始	□英数国の教科バランスを整える
高2	10月	□教科別面談	□学力と学習習慣のバランスを確認
高2	11月	□高3の（最終）科目選択	□併願大学も考えて科目を決める
高2	12月	□国数英の基礎完成（目標）	□理科の負担増により早期化
高2	1月	□センター試験体験受験 □本格的な受験勉強開始（再）	□センター試験まであと一年 □高3の4月がスタートではない
高2	2月	□センター試験早期対策模試	□弱点分野の把握・補強
高2	3月	□学習合宿（春休み）	□学習合宿で一気に受験生モードに
高3	4月	□受験勉強本格スタート（再）	□一年間のスケジュール確認
高3	5月	□過去問（赤本）発売開始	□すぐに購入し，情報をつかむ
高3	6月	□部活引退	□部活時間をそのまま学習時間に
高3	7月	□選抜要項（日程・定員・科目・時間・配点など）発表	□高3・1学期までの評定が推薦入試の出願条件（評定平均の確認）
高3	8月	□夏休みは受験の天王山	□オープンキャンパスで意欲向上
高3	9月	□センター試験受験案内配付 □案内の情報を正確に把握	□センター試験検定料等払込 □事務作業は適切に
高3	10月	□センター出願　□記述模試	□適切な出願パターンの設定
高3	11月	□センター試験・大学別模試	□出願校決定　□私大の受験日設定
高3	12月	□推薦出願　□国公立要項	□出願校決定　□願書記入
高3	1月	□センター試験　□私立入試	□受験勉強追い込み　□私大出願
高3	2月	□私立入試 □国公立前期入試	□当日まで伸びる
高3	3月	□前期発表　□中・後期入試	□中・後期準備（小論・面接も）

＊勤務校の指導と『Benesseマナビジョン』を参考に作成

CHAPTER 8　進路指導の仕事術

CHAPTER8-2 進路指導を学ぶ①
予備校研修会の活用法

　私は初めて高校教員になった頃は、どのような進路指導をすればよいのか、どこで進路指導の情報を得られるのか、ほとんど分からず困っていました。それでも生徒は目の前にいるわけですから、進路に関する情報を集める必要があります。今考えると、主に大学進学を考えた場合の進路指導については、大きく次の3つの方法で学ぶことができます。

①校内の先生や会議から教わる。（詳しい先生、進路指導部、進路会議）
②受験雑誌やネットから学ぶ。（螢雪時代やBenesse『マナビジョン』）
③予備校研修会から学ぶ。（各予備校が行う研修会）

1 》手順

❶ その学校の過去の進路先を確認する。（現状把握）
❷ その学校で必要な進路指導について学校や会議で教わる。
❸ 自分でも受験雑誌を購入したり、インターネットを見たりして学ぶ。
❹ 予備校研修会があれば、積極的に参加させていただく。
❺ 教わったことや研修で学んだことは随時、自分のノートに書きとめる。
❻ ノートをパソコンで整理してまとめておく。
　これで振り返りができ、整理しておけば翌年以降も活用できる。

2 》留意点・工夫

● 進路指導は多様で、かつ、変化が激しい分野なので、毎年新しい情報を仕入れる必要がある。「進路情報は常に更新すべし」と頭に入れて学ぶ。
● いろいろな媒体から進路指導情報を学ぶのは難しくない。一番大変で大切なのは、学びの要点をノートにメモし、パソコンで整理すること。本書で紹介した進路指導ノウハウも教わったものをメモし残したものが土台となっている。まとめればより吸収できるし、他の先生にも役立ててもらえる。

研修会に参加した後に作成するレポート例

まとめは1枚に絞ると負担が少ない。

先進地視察・研修レポート

作成者 ●●

研修名	●●●● 研修会講座名『●●●●』
日 時	平成●年●月●日(●)
会場・学校名	● 講師 ●

研修内容

（1）受験生に切り替えたい「タイミング」と、各時期での「指導ポイント」
　○高2の9〜11月（「教科別面談」：受験生、おさえるべきは○○だ）
　○高2の12〜3月（「志望理由書」＆「仮想入試」）
　○高3の4〜5月（「伸びる生徒発掘検討会」：部活大変だけど〜だけはやっておこう）

（2）中四国9県の特徴（高1の1月まで偏差値上昇するがその後に下降する）
　○中四国エリア以外では、1年次で伸ばすだけでなく、2年次でも伸びを維持。
　○中四国の特徴は次の2つ。
　①志望が低い：「マッチング指導」が早すぎるのでは？⇒志を重視し遅くしよう。
　②受験勉強の開始時期が遅い（2年3学期以降は広島は32％、山口は22％）
　　⇒本格的な受験勉強の開始時期を早めよう。
　　＊全国：以前は「高2の9月以降」に開始が多数。現在は「高2の夏休み」に早期化。

（3）新課程生徒の特徴3つ＋α（これまでの成功パターンが通用しないことも）
　①理科の負担増（文：3→4単位、理：6→8単位）
　　⇒国数英の完成時期を2年次冬までに早期化する。
　②高校では「宿題はするが復習しない（言われたことだけ）」が5〜6割。
　③全国的に志望が低い（行きたいではなく、自分の成績で行ける大学を志望している）

（4）高2生徒の特徴
　①高2秋で「積み残し分野が多い」ほど、その後成績は下がる。
　　（基礎力網羅するほどその後伸びる。）
　②高2秋で「国数英教科バランス」が良いと、その後伸びる。
　　（高3の6月で約50点変わる場合もある。）

（5）高3の4〜5月／6〜7月は「やらなければという気持ちはあるが、行動に移せずあせる生徒」
　「時間は同じでも行動・方法」で逆転合格できる（テストの復習は理由まで、自学、入試対応学習法）

所感

（1）受験勉強は「後倒し」になりやすいが、理科が負担増している。
　本校も「本格的な受験勉強の早期化」を促す必要があると思う。
（2）高2の秋、教科面談等の取組みが可能だと思う。
　各教科でCゾーンの生徒を抽出して、意識的に指導する必要がある。
（3）高2の2月マークで「COMPASS」が使用可能になる。
　高2の「マーク模試」と、高3の4月の「記述模試」でドッキング判定可能。

＊ある予備校の研修会での学びをもとに作成（まとめ）

CHAPTER 8　進路指導の仕事術

進路指導を学ぶ②
模試結果分析会議の活用法

多くの生徒が大学進学を希望する学校では，年間にかなりの数の模擬試験を受験することになります。そのような高校では，校内で，学年・教科の模試結果を分析して報告する「模試分析会議」を行うことがあります。目的は，「各学年の生徒の学習状況を把握」と「教科指導や学級での指導に生かすこと」です。この会議はどう進み，担任は何を学ぶことができるでしょうか。

1 » 手順

❶ 学年主任より学年概況を報告する。（進路希望調査・模試結果より）
❷ 各教科から分析結果を報告する。（問題分析・課題・対策を具体的に）
❸ 全体で質疑応答を行う。（各学年の報告について）
❹ 審議内容のまとめと学級・教科担任への要望を行う。（進路部長より）
❺ 担任はそこで得た情報をメモし，面談等で活用する。

2 » 留意点・工夫

- 模試分析会議を実施するには，当然，各教科の模試分析が必要となる。忙しいときは大変だが，会議があるため，結果を分析したり教科としての対策を真剣に考えたりするよい機会となる。（前向きに参加する。）
- 他教科の報告を聞くだけでもメリットはある。指導に「真剣さ」と「責任感」が増し，「もっと意識して生徒の学力を伸ばそう」と考え始める。
- 分析報告の仕方（ポイント）

> ・報告はコンパクトに行う。話が長いと聞いている人は焦点が絞れない。
> ・「他教科のことは分からない」でなく，自分の指導に生きるヒントを探す。
> ・各教科の報告では，何が弱いからどうするのかを「具体的に」述べる。
> ・「〜を伸ばしたい」（理念）も大切だが，「こうする」（方法論）も大切。

模試分析会議から学べること

❶ 模試分析をした後,各教科の取組みを促す方法
①スケジュール化(いつ,何を,どう指導するかを具体的に)
②キャンペーン化(○○強化月間。期間・分野・層を限定し取り組む)
③ピンポイント指導(全体指導だけでなく,絞って個人指導をする)

❷ 模試分析会議で学んだことや感じたこと

☐「模試=実力テスト」と考えて,何の準備もしないことは避ける。
　模試は,生徒に勉強させる機会として,積極的に活用する。
例)模試情報を1か月前に公開し,集中的にそこを復習させる,など。

☐補習や週末課題もあるが,基本は「授業で力をつける」こと。

☐危機意識をもって学年全体の「中間層」を伸ばす意識をもつ。

☐入学時の学力から十分に伸ばせていないのではないか。
　入学以降の成績伸長は高校教員の仕事である。

☐模試レベルの力をつけたければ,模試レベルの学習もさせること。

☐「~したい」「~を伸ばしたい」という理念や思いも大切だが,「こうする」という方法論も大切。(「教科の対策は具体的に述べる」)

☐「下位層が伸びていない」という報告がなされることがある。
　そもそも下位層の生徒たちは,そのような状況や心配されていることを知らないのではないか。彼らに状況や思い,克服法を伝える。

☐よって,学年集会等では,生徒に次のことを伝える機会をもつ。
　①教科の現状(強みと課題) ②目標　③課題克服法
　④課題+自主学習が一番学力が伸びる
　⑤復習をいつするか(その日と週末に1週間分)

☐日々の授業が受験勉強である。

＊勤務校の模試分析会議からの学び(まとめ)

CHAPTER 8

④ 生徒に教える！模試の活用法

> 高校では，進学する生徒も就職を考える生徒も，本物の試験に向けて模擬試験（「模試」）を受ける機会があります。この模試の活用法をうまく学んでいないと，生徒は準備をせずに模試を受けて，結果を見て一喜一憂して終わり…そのような状況が往々にして生まれます。これでは高価な模試の意味が少なく，生かせているとは言えません。そこで，生徒には，「模試は模試前後の取り組みを通して力をつけることに主眼がある」ということや，「実際の活用の仕方」をホームルームの時間などを通して教える必要があります。

1 » 手順

❶ 学校全体で，模試の活用法についてプリントにまとめる。（次頁参照）
❷ ホームルームの時間などを通して，プリントを使って指導する。
❸ 模試の復習ノートやファイルにプリントを貼らせ，参照させる。
❹ 時期を見て，活用法を復習させる。（何度も指導してはじめて定着する。）

2 » 留意点・工夫

●模試を通して学力を高めるために効果的な指導の一例。

①模試の年間予定表を作成	教室に掲示して，学習の見通しをもたせる。
②模試の前に範囲表を配布	主にどの範囲から出題されるのかが分かれば，生徒も対策（復習）がしやすい。（範囲を示さず「準備をしておきなさい」だけでは，生徒は何をどう準備すればいいのか分からない。）
③模試の前に目標点を設定	模試作成会社の資料を参考にさせる。
④模試の後にすぐ復習	模試ノートを作らせ，復習，提出させる。
⑤弱点分野の類題演習	個々の弱点分野に関わる類題で演習させる。

模試の活用法のプリント

模試の活用法

あなたは模試をうまく活用できていますか。「志望校判定」を見て喜んだり悲しんだりして終わってはいませんか。模試はうまく使えばあなたの「学力」をグンと伸ばせます。そのためのポイントを読んで、自分がこれまでに意識していなかった点や今後取り組んでいこうと思う点に✔をしてみてください。

（1）模試を受験するメリット
- □①自分の学力の「**全国での位置づけ**」が分かる。（偏差値，順位など）
- □②自分の「**課題（弱点）を発見**」できる。（弱点分野，設問形式，時間）
- □③模試前後の取り組みにより，「**学力向上**」につなげることができる。

（2）模試受験に関わる留意点
- □①模試は「実力問題だから実力で解く」と言って対策しない，ことはしない。模試を目標に学習する。
- □②模試は「**復習**」しないとメリットが大幅に減少する。
- □③模試は「**重要問題の宝庫**」である。（類似問題または同レベルの問題が本番で多く出題される）
- □④模試は「**3度復習**」する。（受験日，模試返却日，次の模試や入試前）

（3）模試の「解き方」
- □①本番と思って受験する。（マーク模試ならセンター試験と思って，記述模試なら二次試験）
- □②配布されたら**一通り問題を見て**，解く順番を考える。
- □③**気持ちや反省点など，次に生かせる情報をメモしておく。**（後で復習する問いなど）

（4）模試の「復習」の仕方
- □①受験当日に，模試を受けての「**反省点や気付き**」をノートやメモ帳に書き出しておく。
- □②解答を見て「**自己採点**」をする。
- □③解けなかった問題を，解答・解説集・教科書・参考書などを見て「**復習**」する。
（模試の受験日とその翌日は，「**模試復習デイ**」と思って模試の復習をやりきるとよい。）
- □④解けなかった問題をまとめて（貼って），「**自分だけの問題集・単語帳**」等を作成する。
（**科目別の模試ノート**）＊後日，別の模試や入試前にノートを見直せば効率的に復習できる。
- □⑤弱点分野は模試だけでなく，教科書や問題集など別の**テキストから類題**を探して重点的に復習する。

（5）模試結果の「返却時」の留意点
- □①偏差値や合格可能性判定だけを見て「**一喜一憂**」して終わらない。（**受験時点での可能性だから**）
- □②「**模試で解けなかった問題が今復習して入試で解ればいい**」と考えて，すぐに復習する。
- □③「**弱点分野**」は改めて対策する。（時間配分，知識，設問形式も含めて）
- □④「**学習計画**」を立てる際は，「**いつまでに，何を，どのくらいやるのか**」を具体的に決める。

いかがでしたか。□にいくつ✔がつきましたか。（つかなかった人は，もう一度読み直してみよう。）
✔がついた項目を実践すると，あなたの「**模試活用力**」はグンと伸びます。テストや模試はあなたの学力の向上のためにあります。模試前後の取り組みを充実させて，学力向上につなげてください。

＊参考 「模試の活用法」『河合塾 医進 TUTORIAL 2014 Vol.2』を参考に作成

入試業務① 「志望理由書」の書き方を指導する

　推薦入試を希望する生徒の多くは，大学に「志望理由書」を提出することになります。この志望理由書というのが，生徒はなかなか簡単には書けません。「何をどう書いたらいいか分からない」からです。このことで悩んでいる受験生は全国に多いでしょう。もしかしたら指導する教師も同じかもしれません。「志望理由書って，何をどう指導したらいいのだろう」。

　そう考えているときに，私は「これだ！」という本に出会いました。内田悟著『すぐ書ける！志望理由書　完全マニュアル』（真珠書院）です。現役の高校の先生が書かれた本書のよさは，「生徒が書くポイントが絞ってある」「短時間で読める」「書き方の具体例とワークシートがついている」ことです。中でも，「志望理由書に必ず盛り込みたい要素６つ」は，目からうろこの情報です。ぜひお読みいただきたい本です。

1 » 手順

❶ 志望理由書を書く生徒には上掲書を紹介する。（購入を促す。）
❷ 「志望理由書に書く６つのポイント」について理解し，書かせる。
❸ 教師が内容を確認し，必要に応じて，書き直しさせる。

2 » 留意点・工夫

● 推薦指導をしていると，生徒のすばらしさに感激する場面も多い。内容の素晴らしさや文体の素晴らしさ。こちらが学ばせてもらえる。
● 大学受験前は生徒も教師も忙しい。この時期には，すべてを網羅してある本よりも，ポイントを絞ってエッセンスを簡潔に提示してくれる上掲書のような本を重宝する。実際に書く作業に時間を費やすことができる。
● 上掲書は，大学入試だけでなく，高校入試や就職活動などの志望理由書作成や面接対策の準備にも効果的。志望理由書を書く生徒に紹介したい。

志望理由書

❶ 志望理由書に必ず盛り込みたい6つの要素

①明確な意志（目的・目標・志）
②目的・目標達成に志望大学が必要であること
③自分の体験・経験
④社会貢献への意欲
⑤自己アピール
⑥面接対策を意識する

①〜⑥の部分ごとに文章を作成し，それらをまとめると書きやすい。

❷ 6要素を盛り込むための志望理由書の型（4部構成）

第1部　明確な意思表示
「何をしたい」「何になりたい」かを最初にスパッと述べる。
　①明確な意志（目的・目標・志）
　②目的・目標達成に志望大学が必要であること。(最初でも最後でもよい。)

第2部　動機・適性
　③自分の体験・経験

第3部　社会貢献への意欲
　④社会貢献への意欲

第4部　自己アピール・まとめ
　⑤自己アピール
　②目的目標達成に志望大学が必要であること（詳細）
　⑥「面接対策を意識する」は，全体に意識して組み込む。

＊参考　内田悟著『すぐ書ける！志望理由書　完全マニュアル』（真珠書院）

CHAPTER 8　進路指導の仕事術

入試業務② 推薦入試の「推薦文」はどう書くか

　生徒が国公立大学の推薦入試を希望する場合，多くの大学で推薦文が必要になります。どのようにすれば大学側が求める生徒像を推薦文の中に提示できるでしょうか。手順ごとに実例を示してご紹介します。

1 » 手順

❶ 生徒と面接し，推薦入試を希望する理由等を明確にさせる。
❷ 志望動機等，推薦文に必要な情報をまとめたプリントに記入させる。
　志望理由書と内容が類似の場合は，そちらでもよい。（p.119参照）
❸ HPを見てその大学の「アドミッション・ポリシー」を確認する。
　「アドミッション・ポリシー」：大学の入学者受け入れ方針。求める学生像をまとめたもの。（デジタル大辞泉）以下はある大学の例。

> ・生命への尊厳を持ち人類愛に満ちた<u>人間性豊かな人</u>
> ・<u>科学的探究心</u>と自ら学ぶ<u>学習意欲</u>のある<u>創造性豊かな人</u>
> ・多様な価値観を受け入れる<u>柔軟性</u>と<u>協調性</u>のある人
> ・生涯にわたって専門性を発揮しようとする<u>意欲と行動力</u>を備えた人

❹ その生徒のアドミッション・ポリシーに関連する情報，❷で書かせたプリントや，❸の情報をもとに推薦文を組み立てる。（次頁参照）
❺ 他の人に読んでチェックしていただく。
　自分では気づかないミスや改善案などがたくさん見つかる。
❻ 推薦文はコピーして本人にも渡す。（面接等でも役立つ。）

2 » 留意点・工夫

● 推薦文は重要な仕事である。「祖父は，先生の書かれた推薦文を読みながら涙を流して『家宝にする』と言っていました。」と言われたこともある。魂を込めて，その生徒のよい点を紹介する文章を書く。

推薦文

❶ 推薦文（担任執筆）のための基礎資料（生徒に書かせる）

以下は，推薦文を書くのに必要な情報です。詳しく書いて下さい。
（　）年（　　）組（　　）番　　名前（　　　　　　　　　）

1　将来の志望（なりたいもの）　＊「どのような○○になりたいのか」まで書く

2　それを志望した理由・きっかけ　＊詳しく

3　志望大学・学部・学科・課程　（正式名称）

4　本大学を志望した理由　＊なぜ他大学でなく，本大学なのかを明確に。

❷ できあがった推薦文（以下の内容は実際と異なる）

　本生徒は，「患者の声に耳を傾け，家族のような愛情で接することのできる看護師になりたい」と考えている。中学次に看護体験実習を行って，自信をもって自主的に働く看護師の姿に憧れを強くし，本校●●部での経験から，つらいときに人に気持ちを理解してもらえる喜びを知った。
　本生徒は，素直で温厚で，熱心で粘り強く頑張る努力家である。人の立場を考えて行動できる性格で，周囲の人と円満な関係を築き，厚く信頼されている。高校2・3年次には●●部で部長に選出され，協調性に加え，それぞれの年齢に応じて指導・助言できるなど，高いリーダーシップ力を発揮した。
　学習面では，全体の評定平均値が●であるなど，全教科で安定した高成績をおさめている。部活動との両立を図り，工夫して予習・復習を行うなど，学習に集中して意欲的に取り組むことができた。
　申し分ない生活・学習態度であり，看護師として社会貢献できる素質を備えた生徒であると確信して，本生徒を推薦します。

＊各大学のアドミッション・ポリシー内のキーワードも入れておきたい。

入試業務③ 「面接指導」では何をどう教えるか

推薦入試や国公立大学の後期試験，または就職試験などで面接がある場合は，面接指導が必要になります。面接指導は時間がかかりますが，生徒・教師双方にとってプラスです。生徒にとっては，面接の準備をすることで自分自身について深く考えるきっかけとなり，何度も面接練習をすることで適切なマナーや所作を身につけることができます。教師にとっては，生徒との練習を通して，人の人生を決める大切な過程に関わり，さらにその生徒とよい関係を築くきっかけにもなります。自分のクラスでなくても卒業した生徒が母校に戻ってきたときに，面接でお世話になった先生のもとにあいさつに行くのは，そういうことなのでしょう。高校教師の醍醐味の一つといえるかもしれません。

1 » 手順

❶（動作）面接の基本（動き）についてレクチャーする。（次頁参照）
❷（内容）その大学で問われやすいことなどを情報収集し，備える。
❸ 面接の練習をする。
❹ 観察して気づいたメモをもとに，生徒と振り返りを行う。

2 » 留意点・工夫

- 面接やプレゼン練習は，繰り返すほどうまくなる。繰り返す。
- 短期間で質を上げるには動画を活用する。面接練習をビデオに撮り，それを見ながら教師がコメントする。生徒は納得する。指導後は消去する。
- 面接の振り返りでは，必ずメモを取らせる。それが次に生きる。
- 推薦入試でも，「もっと面接の練習をしておけば」ということがある。「受験に想定外はない」と考えて，十分な準備をしておく。
- 面接練習の仕上げには，普段あまり接していない先生に面接官を替えて行うと，いつもと違う質問や雰囲気で本番と似た状況で練習できる。

面接練習プリント

面接練習プリント

（　　）月（　　）日（　　）　生徒番号（　　　　）名前（　　　　　　　　）

1　面接の心構え（よく頭に入れて面接の準備をする。）

- □①面接は「学力試験だけでは見えにくい点を知る」ために行われる。
- □②外面では、あなたの「身だしなみ」「立ち振る舞い」や「マナー」「言葉づかい」を見られる。
- □③内面では、あなたの発言内容から、「意欲」や「表現力」や「協調性」「全体的な印象」などを見られる。
- □④面接の準備にあたっては、志望校に提出した書類のコピーをよく見ておく。（食い違わないようにする。）

2　個人面接の「動作」ポイント（以下の項目は観察されている。無意識にできるよう練習する。）

	動作のポイント	OK✔	気づきメモ
【1】面接前	①面接は控室から開始（動作は見られている）。静かに待つ。		
	②名前か番号を呼ばれたら、元気な声で「はい」と返事する。		
【2】入室時	③ドアを2回ノックする。		
	④「どうぞ」が聞こえたら「失礼します」と言ってドアを開く。		
	⑤振り返って（面接官に背中を向けて）両手でドアを閉める。		
	⑥ドアを閉めたら面接官の方を向いてお辞儀（一礼）する。		
	⑦（必要があれば）自己紹介をする。		
	例：「●●高校から参りました●●です。よろしくお願いします。」		
【3】着席時	⑧面接官に席をすすめられてから、イスまで歩き、左側に立つ。		
	⑨「どうぞ」と言われたら、「お願いします」と言って着席する。		
【4】面接中	⑩背筋を伸ばして深く腰かけ、足はそろえて手はももの上に置く。		
	⑪礼儀正しく、早口にならないよう、ていねいにハキハキと話す。		
	⑫視線は、相手のノドあたりを見て、話すときは相手の目を見る。		
	⑬質問が聞き取れなかったら、「もう一度お願いします」と言う。		
	⑭マイナスの内容を聞かれても、可能なら最後にプラスで終える。		
【5】退室時	⑮終了後はイス横に立ち、「ありがとうございました」と一礼する。		
	⑯ドアの前まで歩き、面接官の方を振り返り、一礼して退室する。		
	⑰学校にいる間は観察されている。校門を出るまで気を抜かない。		

3　個人面接の「内容」について（面接練習全体を通して気づいたことや改善案をメモする。）

質問	気づきメモ
①	
②	
③	
④	
⑤	
⑥	
⑦	

＊桑原憲一・泰居克明編『中学校担任がしなければならない学級づくりの仕事12カ月　3年』（明治図書）に著者の見解を加えて作成

CHAPTER 8　進路指導の仕事術

CHAPTER 8 入試業務④ 「通知表・調査書所見」をスムーズに書く方法

> 高校3年生の担任が，大学入試などの進学指導で大変なことの一つは，調査書に載せる「所見」を書くことでしょう。調査書の所見は推薦文の参考にもなります。生徒のよい点を正確に書くには，どのようにすればよいでしょうか。1学級（約30人）を2時間で書きあげる方法をご紹介します。

1 》手順

❶ 生徒に「学期末の反省プリント」を書かせておく。（p.135参照）
部活や校外活動，教科で頑張ったことなど所見に書きたい情報を集める。

❷ 所見の文例集（市販本）で参考になりそうなものを音読する。
音読しておくと，自分が生徒の所見を書くときに役立つ知識となる。

❸ 先に書かれた先生方の文例を見せていただく。
自分の文章より高尚で，すっきりした文や，生徒のよさを積極的に書かれている文に出会える。自分だけではどうしても類似の言葉が多くなる。

❹ どうしてもペンが進まない生徒も数名いる。（のも普通である。）
このようなときは，他学級で「特徴が似た」生徒の所見を参考にさせていただくことで，自分の生徒の所見を書くきっかけが得られることもある。

2 》留意点・工夫

● いったん下書きした文章は，翌日推敲することで，より洗練された文章になる。そのために，提出期限より早く書き上げ，翌日以降にもう一度見直して書き直す時間をとる。
● 書き上げるために何より大切なのは「締め切り」を意識すること。
締切があるから筆は進み，「仕上げなきゃ」という本気度が高まる。
● ストップウォッチを使って計りながら書くのも集中力を高めるのに有効。
● 推薦入試の推薦文も調査書の所見が原案になる。

CHAPTER 8-9 入試を応援① 受験日までのカウントダウンで臨場感を高める

高校3年生の学級担任をしていると，生徒の士気を高めるために，「●●まであと●日」と黒板に書く場面があります。例えば，「期末試験まであと●日」「センター試験まであと●日」「卒業式まであと●日」という具合です。そんなときに残り日数をカレンダーで数えるのは大変ですが，パソコンを使えばすぐに計算できる方法があります。以下のように，エクセルで行います。

1 » 手順

❶ エクセルを立ち上げる。

❷ セルの「A1」に行事の日にちを，「B1」に開始日を入れる。

A1	B1	C1
2015年3月1日	2014年4月6日	329
↑最終日（行事の日）	↑開始日	↑A1−B1（残り日数）

❸ 「C1」に「＝A1−B1」と入力する。

❹ 「C1」の「表示形式」を「標準」にする。

＊「表示形式」は，「右クリック」→「セルの書式設定」→「表示形式」。

2 » 留意点・工夫

● 日付と残り日数を併記した表を掲示すれば，毎日の残り日数が分かる。

日にち	センター試験まであと…
12月1日	50日
12月2日	49日
…	…

● 学級開きや学期初日等の節目で，「残り日数」を伝えると臨場感が出る。

例）ある年の高3 始業式でセンターまで288日，卒業式まで329日。

CHAPTER 8
10 入試を応援② 入試スケジュールの組み方のポイント

　高校3年生が大学進学を希望する場合は，大学入試を受けることになります。大学入試は，大きく，一般入試と推薦入試（さらにAO入試）に分けられます。一般入試は，次のようにまとめることができます。

私立入試……多くは2／1からの2週間に受験日が集中する（3月末まで）
国公立入試…前期入試（2／25〜）中期（3／8）後期（3／12）

　国公立大学を目指す生徒の場合，大学入試センター試験が1月20日頃で，国公立大学の「前期」「中期」「後期」入試が3月20日頃まで続きます。これは，入試ロードが約「50日間」続くことを意味します。この間受験生は，想定以上に「体力」や「精神力」を必要とします。そこで，第一志望校以外の大学も「併願」する生徒は，入試スケジュールの組み方が重要になります。組み方を間違えると体調を崩したり，第一志望校受験前に息切れしたりすることがあるからです。スケジュールを組むときのポイントを見てみましょう。

大学	学部学科	模試判定総合・マーク・個別	合格最低点	出願日	入試日	合格発表日	手続き期間
大学							

（第1希望から出願を考える大学をすべて書かせる。）

1 » 手順

❶ その年の入試日程を確認する。（必ずその大学の最新情報で確認する。）
❷ 右頁のポイントを参考に，第一志望校を中心に受験予定を考えさせる。
❸ 併願校受験は，費用も時間もかかる。保護者・教員とよく相談する。

2 » 留意点・工夫

●入試スケジュールの組み方は人によって異なる。併願校は受験するのか，受験会場は，浪人は，移動は可能かなど考えておく項目は多い。

> 生徒に伝えたい！　入試スケジュールを組むポイント（例）

（　）内の言葉は事前に消しておき，話をしながら埋めさせる。

入試スケジュールの組み方（併願校の選び方）

（1）併願校選び　7つのポイント

- □① 入学（ 意思 ）があるか？：本当に行くかも。名前だけでなく学びたいことがあるか。
- □② （ 難易 ）度バランスは？：チャレンジ校だけでは難しい。合否判定バランスよく。
- □③ （ 受験 ）科目のバランスは？：科目が異なると受験勉強の負担が増えてしまう。
- □④ （ 連日 ）受験を避けたか？：入試日程をチェックして負担の大きい連日受験を避ける。
- □⑤ （ 早い ）時期に合格が出るか？：第一志望校前に合格すると自信がつき安心する。
- □⑥ （ 多様 ）な入試方式か？：全学部日程・個別・センター利用等で受験チャンス増大。
- □⑦ （ 3月 ）まであきらめない：2月以降に出願可能大学もある！ラストは3／28！

（2）その他の入試スケジュールの組み方ポイント

- □① 国公立希望者も，私立受験は「精神安定剤」と思って受験する。（合格による自信・受験慣れ）
- □② 一番大切なのは，第一志望の受験日。この日を中心に日程を組む。
- □③ 第一志望の入試前日は受験の予定を入れない。
- □④ 2日連続以上は，体力・集中力ともに厳しい。前日は移動や準備にあてる。
- □⑤ 自分にあった受験間隔を。人により，感覚があきすぎると集中力や感覚維持が難しい場合も。
- □⑥ 目標大学の合格発表日より後に，入学手続き期限がある大学を狙う。
- □⑦ センター試験結果が良い場合と悪い場合のスケジュールを考えておく。
  例）悪い場合は，一般入試を多めに受験するなど。

（3）難易度レベルごとの併願校の選び方　（併願校の数は，人によって異なる。）

			【例①】	【例②】
C判定	（チャレンジ校）	【合格可能性40％】	○	○○
B判定	（実力相応校）	【合格可能性60％】	●●●	●●●
A判定	（安全校）	【合格可能性80％】	○	○○

自分の実力レベル

■【自分の場合】大学名を書いてみよう（バランスがよいかチェック）。

C判定	（チャレンジ校）	【合格可能性40％】	
B判定	（実力相応校）	【合格可能性60％】	
A判定	（可能性大校）	【合格可能性80％】	

（4）これまでの模試データの読み取り方（何をどう読み取るのか）

- □① 読解目的：合格するため。（志望校や本番までに1点でも多く積み上げる方法を検討）
  自分の位置（順位）に注目。DでもEとCのどちらが近いかで，志望校変更か貫くか変わる。
- □② 合格可能性は，実際の（ 合格 ）率とほぼ一致している。
  A判定（80％以上）B（60～80％）C（40～60％）D（20～40％）E（20％以下）
- □③ （ マーク ）と（ 記述 ）判定のバランスを見る。
  結果を見ればどちらに力を入れるべきかが分かる。センターはAだが2次はD判定なら・・。
- □④ （ 科目 ）バランスを見る。
  他科目に比べて弱い科目は？対策が遅れているもの＝「伸びしろ」のある科目でもある。
- □⑤ （ 分野 ）バランスを見る。
  科目の中で，弱い分野を見る。弱い分野＝補強必要＝伸びしろ＝傾注すると得点アップ。
- □⑥ （ 併願校 ）のバランスを見る。
  合否判定はどうか・入試日程が重なっていないか・受験科目が同じか（負担が少ない）等

＊参考　『模試データ活用BOOK』大学入試模試　記述式　第2回ベネッセ・駿台記述模試
『蛍雪時代』付録「大学入試日程カレンダー」

CHAPTER 8　進路指導の仕事術

入試を応援③ 入試に関わる手順・確認事項を伝えるチェックリスト

　一般的に，高校3年生にとっての大学入試は，はじめての経験で，よく分からないことも多いでしょう。しかし，出願や受験にあたっては，失敗することができない重要な事柄も多いです。しかも受験勉強で忙しい時期に事務処理をするので，ミスがないように，手順書や確認リストがあると役立ちます。

　次頁の「入試に関わる手順・確認事項チェックリスト」は，そうした思いから作成したものです。学校の進路指導部が出しているプリントや，他の先生方が工夫された資料をもとに，受験手続きに関する情報の要点をチェックリスト形式でまとめました。まとめることで，教師も入試に関する業務への理解が進み，初めて受験する生徒や保護者にとっても役立つものになります。

1 » 手順

❶ 学校から資料が複数種類出されていれば，担任としてぜひおさえておきたい情報をまとめた1枚のプリントを作る。（情報の要点を集約する。）

❷ まとめたものは，進路指導に詳しい先生方に見ていただく。

❸ まとめたプリントは，生徒に配布し説明したり学級掲示したりする。希望があれば，他の先生方にもお渡しして共有する。

2 » 留意点・工夫

● 入試に関する手続等は，ミスがないよう確実に進めることが大切。チェックリストを使ってチェックしながら手続きを進めるよう促す。

● 各項目の前に□が2つあるのは，2大学分のチェックに使えるため。

● このリストを使えば，「募集要項の取り寄せ」や「出願」など，意識しやすい部分だけでなく，「宿の手配」「受験会場の確認」など，後送りになりそうなことも確認できる。宿泊場所は，旅行会社に相談すると，受験会場に近くて静かなホテル等を予約してもらえる。（早めの予約が必要。）

一般入試手順・確認事項チェックリスト

【重要・保存版】 一般入試に関わる手順・確認事項チェックリスト

＊ミスがないよう，下のチェックリストを使って，各自で着実・確実に手続きを進めましょう（□に☑する）。
◆特に確認したい事項に＿＿＿＿＿を引いています。チェックしてください。

（1）受験までの手順

□□① 「募集要項」を取り寄せる（受験雑誌で請求先などが載っている）。
　＊考えられる大学・短大・専門学校の募集要項はすべて各自で取り寄せておく（センターの得点で受験校が変わる）。
　＊国公立の一般入試（推薦入試でないもの）は，センター試験後の三者懇談で出願校を決定する。
　＊過去の受験報告書については，進路指導室に相談する（受験情報を見ることができる）。

□□② 【1月前】受験校の「募集要項」（やパンフレット）を担任に見せる。（大切な部分をコピーします）
　＊出願日の1月前までに提出する。そのとき「受験申込書」を渡します（国公立：緑色，私立・専門：白色）。

□□③ 【2週間前】「受験申込書」（保護者の確認・印鑑捺印）を担任に提出する（調査書発行のため）。
　＊出願日の2週間前までに提出する。（調査書の完成には1週間程度必要）　＊「受験申込書」には保護者印が必要。

□□④ 「受験料」を各自で納入する。
　＊郵便為替，銀行振込など学校によって異なるので注意して納入する。
　＊この間，願書の下書き，写真の準備などを進めておく。下書きは，何度も確認してから清書する。

□□⑤ 調査書や郵送書類は，誤字などに十分確認して封をする。（不安なら担任に尋ねること。）

□□⑥ 期日内に「書留」で郵送する。
　＊「学校で取りまとめて発送する（主に国公立大学）」という指示があるもの以外は，各自で発送する。
　＊必ず「書留」とする（「書留速達」を指定する大学もある。指示に注意）。書留控え（受領書）は，各自で保管。
　＊締切日の「必着」「消印有効」に注意する（よく確認すること！）。

□□⑦ 受験票が届いたら「受験番号」を報告する。（黄色の「受験番号届」で）

（2）受験日までの準備

□□⑧ 各自で，宿・切符の手配を早めにする（旅行会社・インターネット等）。

□□⑨ 交通機関や受験会場の確認を念入りにする（平日と休日では，交通機関のダイヤが異なることも）。

□□⑩ 受験に伴う欠席は，「特別欠席扱い」（出席扱い）となる。
　＊担任から「公欠用紙」をもらって，各自で教科担当者のところをまわる（サインをもらう）。最後に担任に提出。
　＊入試による「公欠」の扱いは，受験会場（地域）によって最大限次のようになる。

	受験日のみ	
●●市内で受験		公欠が認められる
県内・●●県南部（山陽本線沿岸）で受験	前日午後から受験日まで	
中国・四国・関西方面で受験	前日の午前から受験日まで	
九州・中部・関東・東北・北海道で受験	前々日の午後から受験翌日まで	

□□⑪ 制服（身だしなみ）・髪などの確認をする。
　＊腕からセーターが出ていないか。　＊シャツの第一ボタンは留まっているか。　＊ネクタイ・リボンは汚れていないか。
　＊ブレザーのボタンはついているか（かけているか）。　＊スカートのアイロンがけ，ズボンの裾がほつれていないか。

□□⑫ 受験前日，担任と一緒に最後の確認をする。
　＊服装・髪・受験票・その他（国公立受験の時は，センター試験の受験票も忘れずに持参すること）

（3）受験日・受験後の確認

□□⑬ 受験後は，速やかに「受験報告書」を記入し，担任に提出する。

□□⑭ 「合否結果」はすぐに「合否報告書」で担任に報告する。
　＊ただし，教室では絶対に報告しないこと。

□□⑮ 手続きの締切日と納入金額を保護者と必ず確認すること。【重要】

□□⑯ お世話になった関係の先生方にお礼を伝えるのも忘れずに。（マナー）

□□⑰ 入試を続けて頑張っている人に最大限の配慮をする。（特に言動）

CHAPTER 8　進路指導の仕事術

CHAPTER 8

12 入試を応援④ センター試験前日・当日の過ごし方

　大学入試センター試験は受験生にとって非常に大切な試験です。そこで得た点数によって，国公立の二次試験の出願校や私立大学のセンター利用入試の合否が決まるからです。教師にとっては慣れたものかもしれませんが，高校3年生にとっては，「初めての」経験です。失敗の許されない試験でもあるため，受験生のプレッシャーは相当なものになります。

　そんな不安な状況にいる彼らを担任として応援する方法の一つに，大学入試の前日や当日に，どのような気持ちで何をして過ごせばいいのかアドバイスすることがあります。次頁のような情報は，先輩や塾，受験雑誌等で手に入れることができる生徒もいますが，担任（や学年団）がまとめることで，どの生徒も応援することができる資料になります。

1 » 手順

❶ その年のセンター試験の受験案内をよく読んで理解する。
❷ センター試験の日程に関わる重要な情報や，各種受験雑誌，諸先生の体験等から，ポイントとなることを時系列にまとめる。
❸ 原案作成後，センター試験をよく知っている先生などに見ていただく。
❹ 修正したものを生徒に配布する。
❺ ホームルーム等で生徒と読み合わせながら，ポイントを確認する。

2 » 留意点・工夫

● 大学入試センター試験の日程や注意は毎年変更点があるので注意する。
● 『螢雪時代』などの受験雑誌は，受験に役立つ特集を組んでいて参考になる。できれば，学年などで定期購読し，各学級文庫に入れるのもよい。
● 試験前は，保護者の方も不安な場合があるので，保護者の方にも1枚お渡しする。「今は何時なので，生徒は今頃何をしている」と想像できる。

センター試験・前日と当日の過ごし方①（年度によって異なる）

センター試験！最高の結果を得るための、『センター前日・当日の過ごし方』

（1）センター前日　1月16日（金）

時刻	項目	内容
10:45	センター受験者集会	□学校で**受験者集会**。重要事項の最終確認や、集団で戦う気持ちを高めよう。 □昼間は**いつも通り**のペースで過ごそう（学校や塾・家での学習などでも）。
19:00	夕食	□胃腸に負担のかからない**消化のよいメニュー**（炭水化物などを軽めに）を。 昔は勝負事の前は縁起を担いでトンカツを食べたが（「敵にカツ」）、脂っこくて消化が悪いものだと、緊張気味で弱った胃腸には**負担となりかねない**ので注意する。
22:00	早めに就寝	□前日の勉強は控えめにし、いつも**少し早めに就寝**して明日に備える。 今まで何度も解いてきた問題集や参考書、間違えたところや重要項目をまとめたノートなどに目を通して、「**これだけやったんだから大丈夫！**」と自分に言い聞かせる。 □**寝る前に忘れ物がないか再確認**。（受験票や写真票、鉛筆、消しゴム、鉛筆削り、時計（予備も）、防寒具、常備薬など）和歌・格言が印刷された鉛筆は使用不可。

（2）センター初日　1月17日（土）　文系科目受験

時刻	項目	内容
6:00	起床	□早起きをして、しっかり**朝ごはん**を食べて脳を活性化しよう！（普段通りの食事を） □試験が始まる**少なくとも3時間前**には起きて、頭がすっきりさせよう。 □朝食を摂らないと、脳が**エネルギー不足**になって意欲や集中力が低下してしまう。 □インフルエンザ等の**感染症は治癒していない**と受験できない（他者への感染防止）。 こういった場合や遅れそうな場合は、必ず**担任の先生に連絡**して指示を仰ごう。 （その後、「問い合わせ大学」に電話→「受験票」と「診断書」（治療期間明記）を問い合わせ大学に「持参」→「追試験受験許可書」発行の手順）＊保護者の協力必要
出発前	持ち物・服装確認	□持ち物の最終チェック（過去には、**受験票**を忘れてしまった先輩も…）。 □試験場に持っていく参考書やノートは、**使い慣れた（信頼できる）**ものにとどめよう。 □脳のエネルギー源（ブドウ糖）補給として**チョコレートや栄養補助食品**を持参した先輩も多い。 □水やお茶を持参していると、気分が悪いときにスッキリすることができる。
7:00頃 （　　）	出発	□事前に学校に申し出ていた**交通手段**を使って、会場に向かおう（教員・確認）。 □駅はいつも以上に混雑する。 例年この時期は雪が降りやすく、交通機関の遅れなどのハプニングも起きりがちなので、**早めの到着**を心がけよう。なお、**駅内外のマナー**にも気をつけて（受験生も人）。
8:00頃 （　　）	試験会場到着	□トラブルやハプニングがあってもあわてないで。 □**受験票や写真票を紛失or忘れたら、試験場本部で仮受験票と写真票をもらう。** □万が一、遅刻してしまっても、**試験開始後20分以内**に限って受験が認められる。 □席に着いたら、トイレの位置や案内事項を確認。特に**トイレ**は混みやすいので、**複数箇所押さえておくと安心**。（試験直後のトイレは混むので、ずらして行く方法もある）
9:00	開始直前 身の回りの 最終チェック	□机上に置けるのは、**受験票・写真票・黒鉛筆、消しゴム、鉛筆削り、時計、眼鏡、ハンカチ、ティッシュ**（袋から中身を出す）**目薬**。メモや計算用なら**シャーペン**も使用可。 □試験中に**電子機器類**（携帯、スマホ、電子辞書、ICレコーダー、腕時計型端末）を使用すると不正行為。入室前にアラームを解除し、電源を切ってカバンにしまう（試験中に身につけているor手に持っていると不正行為となることも）。試験中に音（着信・アラーム・振動音等）が長時間鳴ると不正行為となることもある（試験進行に影響）。 □**アラーム付き時計**も設定を解除する。□**次の地歴はトイレ休憩なし。**行っておく。 □**英文字や地図等がプリントされた服装は不可**。着用していると脱がされることもある。
9:30 ～ 10:30	地歴・公民【60分】 （第1解答科目）	□**9:05までに入室完了**。（1科目受験者は受験しない。指定の待機場所で自習する。） □2科目受験者は、**入室限度の9:50までに入室**していないと、第1・第2科目とも受験不可。 □10:40までの10分間は答案回収等の時間なので**トイレ等の一時退室はできない**。
10:40 ～ 11:40	地歴・公民【60分】 （第2解答科目）	□1科目受験者は、この時間（10:40）が初めての試験となる（10:15までに入室）。 □第2解答科目の解答用紙の配布は、10:30～40の10分間に行われる。 □（2科目受験者の場合）センター初日の午前は、**2科目トータル130分**の試験。

CHAPTER 8　進路指導の仕事術

センター試験・前日と当日の過ごし方② (年度によって異なる)

時間	科目	内容
11:40～12:45	昼食休憩	□昼食休憩は、1時間ちょっと。弁当を食べながら自習したり、人と話すのもよい（ただし、終わった科目の出来不出来の話や答えあわせは一切しない・ひきずらない）。 □歩くなど、軽く体を動かして気分転換するのもよし。
13:00～14:20	国語【80分】	□12:45までに入室完了（開始15分前）。 □午後は国語と外国語で5時間超（長い）。出来・不出来に関係なく実力発揮に集中。 □終了後の休憩時間は、最初の5分ほど動いて気分転換するのもおススメ。
15:10～16:30	外国語（筆記）【80分】	□14:55までに入室完了（開始15分前）。 □知識問題から読解問題に進むことで、頭を英語に慣らし、時間内に解答終えよう。 □筆記試験の後の休憩時間には、次のリスニングに備えてiPodなどで耳慣らしを！
17:10～18:10	外国語（リスニング）【60分】	□17:05までに入室完了（開始15分前）。 □リスニングだけは、試験開始時刻（17:10）までに入室していないと受験できない。 □機器配布・作動確認（本人）【受験案内参照】を最初の30分で、その後30分で試験。 □イヤホンが耳に合わなくても出願時に事前申請していないと、ヘッドホン貸与なし（手で押さえて受験）。 □音声停止など不具合があれば、躊躇せず黙って手を高く挙げる（終了後の申し出はなし）。
	1日目終了	□帰宅時には、思った以上に疲れているはず。夕食を食べて2日目の受験科目の最終チェックを簡単にしたら、お風呂に入って早めに寝よう。 □ネットなどで出る解答速報は、2日目が終わるまでは絶対見ない。ミスを見つけると落ち込むし、予定より高得点だと油断してしまうなど、2日目の試験に悪影響が出る。

(3) センター2日目 1月18日（日） 理系科目受験

時間	科目	内容
6:00～8:00	起床＆出発＆移動	□1日目に不調だった人も気持ちを切り替えて、2日目の理系科目を頑張ろう。 □1日目が好調だった人も、油断して受験票を忘れたりしないよう、慢心に注意。 □持参物は前日準備、時間には余裕を持って行動しよう。
9:30～10:30	理科①【60分】（基礎科目×2）	□出願時にA(基礎科目×2)で登録した人が受験する（9:15までに入室完了）。 □理科①では、60分間で2科目を解答する。解答の順序や時間配分は自由。 □解答用紙1枚で2科目を解答するので、解答科目欄を正しくマークする。
11:20～12:20	数学①【60分】	□11:05までに入室完了（開始15分前）。 □試験は12:20までで、その後は昼食。午前最後のテストを乗り切ろう。 □配布されたら全問題をさ～っと見て、できる問題を解いていこう。
12:20～13:25	昼食休憩	□昼食休憩は、1時間ちょっと。弁当を食べながら自習したり、人と話すのもよい（ただし、終わった科目の出来不出来の話や答えあわせは一切しない・ひきずらない）。 □歩くなど、軽く体を動かして気分転換するのもよし。
13:40～14:40	数学②【60分】	□理科②なしの人は数学②が最後。解放感と安心感。寄り道せず帰宅（事故防止）。 □解放感から、問題冊子を教室に忘れて帰ってしまった先輩もいる。注意しよう。 □センター受験票は、個別入試や入学手続きで必要なので終了後も保管しておこう。
15:30～16:30	理科②【60分】（2科目受験者）	□理科②は、「登録した科目数」（1or2科目）によって試験開始時刻が異なる。 □入室限度（15:50）に入室しないと、第1科目と第2科目（だけ）も一切不可。 □理科②で「2科目受験者」は、第1解答科目の60分と第2解答科目の60分。間の答案回収、解答用紙配布の10分間（退室不可）を加えた130分の試験時間。
16:40～17:40	理科②【60分】（1科目受験者）	□出願時にB（発展1科目）かC（基礎2＋発展1科目）で登録した人はこの時間から。 □17:40の終了合図が鳴ると、解放感と安心感。寄り道せずに帰宅（事故防止）。 □問題冊子は自己採点で、センター受験票は個別入試や入学手続きで必要（保管）。

(4) センター翌日 1月19日（月） 学校にて自己採点

時限	内容	備考
1～4限	学校にて自己採点	□自己採点用に問題冊子全てを持参する（忘れたら取りに帰る／遅刻・欠席厳禁）。 □学校で自己採点をして、業者に結果を送付する。全国集計結果が出るのは数日後。 □結果に一喜一憂するのはまだ早い（この段階では各科目の平均点が出ていない）。 □翌日以降は二次試験に集中。出願先最終決定は三者懇談。出願締め切りは●日。

＊参考 『大学入試センター試験受験案内』『螢雪時代』，他　諸先生方の体験談等多数

CHAPTER 8　13
入試を応援⑤
お守りと試験後の心構え

　大学入試センター試験は，生徒にとって大きな試験なため，「藁にもすがりたい」思いの生徒も少なくありません。（p.128参照）そこで担任として，生徒にどのような応援（声かけ）ができるでしょうか。試験前に学級の「お守り」を手渡すと，生徒は，はにかんだ笑顔になります。よい瞬間です。

　もう一つは，「センター試験後の自己採点を先取りイメージさせておくこと」です。中には，センター試験で失敗してパニックになる生徒もいるかもしれません。「センター試験の後は落ち着いて相談…」ということをセンター試験「前」に伝えておくことで，自己採点後の混乱を避けることもできます。

1 » 手順

❶ 担任から「受験お守り」を渡す。
学級の生徒が写った写真の裏に，「お守り」という文字を印刷した簡易なもの。（折りたためば，お守りサイズになる。）

❷ センター試験後の心得をガイダンスする。
生徒は，センター試験後の状況に思いをはせることができる。

2 » 留意点・工夫

●センター試験後の心得は，センター試験前に板書しておく。

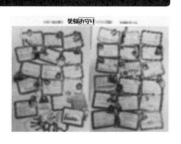

生徒から学ぶ！後輩に伝えたい受験勉強の成功事例

無事，大学入試を終えて進学先が決まった生徒には，「受験体験報告文」を書いてもらったり，「合格体験報告会」等で話をしてもらったりするとよいでしょう。後輩に向けて受験勉強のメッセージになるし，教師自身にとっても，指導のよかった点や反省点を振り返るきっかけにもなります。

報告文や報告会の中では，「自分がよかったと思う勉強の仕方」や「後輩のためにこれだけは言っておきたいこと」などを挙げてもらいます。

大切なことは，これもやりっぱなし（やらせっぱなし）にせずに，教師自身が大切だと思う点をメモし，整理して，それを翌年以降にも活用することです（p.133❷参照）。こうすると1回の経験が蓄積されて何重にも大きくなるのです。

1 » 手順

❶ 入試を突破した生徒に，「受験体験報告文」を書いてもらう。
または，高校1，2年生対象の「合格体験報告会」で語ってもらう。
❷ 報告文をまとめて，個人情報部分を消して冊子にし，後輩に配布する。

2 » 留意点・工夫

- 体験報告文は，word等で入力してもらうと，データ編集がしやすい。
- 大学入試（一般入試）で国公立大学の合否が分かるのは，卒業式より後。「受験体験報告文」の記入は，卒業式のときなど事前にお願いしておく。
- 合格した生徒は，引っ越しなどで忙しい。学校に体験談の提出に来るのも難しくなるので，事前にword等でデータを渡しておき，学校の許可が得られれば，学校代表のメールアドレスに添付で送ってもらう方法もある。
- これまでの報告文や報告会から学んだことをまとめておくと，翌年以降の生徒への学習アドバイス等に使える。特に，同じ学校の先輩の言葉は，真実味が増して後輩生徒に響きやすい。

「受験体験報告文」や「受験体験報告会」での先輩からの学び

❶ 受験体験報告文からの学び

①受験を終えた今思うに，学校の課題やテスト勉強は偉大です。一見めんどくさい課題や朝テストも，ちゃんとやったら絶対に役立ちます。この一年，いろいろな問題を解いた私が言うんだから，ホントです。あと，勉強時間がしっかりとれるテスト期間中のテスト勉強も大事です。この２つでセンターで高得点を取る力も，後でものすごく重宝する２次力もつきます。なぜならこの学校の課題や定期テストは，よく出る問題，これから役立つ問題を厳選して出してあるから。後から振り返ってみると，課題もテスト問題も本当に的確にポイントを押さえてあって，すごいです。妥協せず繰り返し，反復することで，確実に身に付きます。やることが多くて困ってしまうこともあると思いますが，３年になっても学校の課題と定期テスト勉強は一つ一つ丁寧に。みなさん，学校を信じて頑張ってください。

②推薦で受かったので，小論文の勉強方法のポイントをまとめてみる。
・自分の行きたい学部に関係する資料を集めて頭に入れる。
・担当の先生とよく話し合い，どんな形で書くのかを決めて毎日書く。
・添削してもらい，助言をもらうとき，先生の言うことを紙にメモする。
・家に帰ってメモした紙をできれば口に出して読む。
・小論文を書いて先生にアドバイスをもらうときに毎回メモをとる。
・テスト直前までそのメモを読む。
・気づいたら合格している。

❷ 受験体験報告会での学び（これまでのメモより）

・一日を勉強，部活，その他に分けて，その時間のことだけ考えるとよい。
・夢がない人は？　──深く悩まず，とりあえず勉強に励む。
・国公立二次までがんばって。あの緊張感は人生を変えます。
・高２は，いろんな学習法を試す時期でもある。（自分流にアレンジして）
・本番以外のミスはOK。（それを見直し，次に生かすことが大切）

CHAPTER9　終業式・卒業式の仕事術

年度末の仕事術①
指導要録を早く書くワザ

担任が3月の終業式や卒業式を終えた後に行う年度末の仕事の一つに、「指導要録」の記入があります。「学籍に関する記録」と「指導に関する記録」など、その年の出欠席の日数や習得単位数などを書くのですが、最も大変なのは、やはり文章記述する「所見」でしょう。p.122でも所見を書く方法を述べましたが、ここでは、「書く集中力を持続する方法」をご紹介します。下で述べる方法は、パソコンで原案を作ったものを「手書き」で写す作業についてですが、この方法は、パソコンで所見の原案を作るときにも応用できます。

1 » 手順

❶ 「●年生を振り返って」を書かせておく。（所見用の情報収集）
「英検や漢検などの合格状況」「委員会」なども含めて。

❷ エクセルで所見の原案を事前に書いておく。

❸ 人が少ない集中できる場所（部屋）に行く。

❹ 一人につき6分ほどかかる計算にして、次のような予定を書く。
　10：00〜10：45　出席番号1〜5
　10：55〜11：35　出席番号6〜10　以下同様
間の休憩は10分間にして、5人につき40分をあてる。こうすると、その時間内に必ず5人は終わらせようと頑張れる。集中力が続く。

2 » 留意点・工夫

● 予定時刻を設定して仕事をするのは、ある意味「デッドライン仕事術」とも呼べるかもしれない。達成可能な時間計画を立てると集中して頑張れる。ストップウォッチでタイムを測るのもよい。

● 予定時刻よりも早く仕上げられたらうれしい。また、やる気になる。

●年生を振り返って（学期末の反省プリント）

【 男 ・ 女 】 高校 ●年生を振り返って

* 「指導要録」に記入する公式資料になります。以下の3点に注意して、丁寧に書いてください。
  ① 可能な限り「詳しく」具体的に記入する。
  ② 部活動や役職、取得資格などはすべて「正式名称」で記入する。
  ③ 該当するものがなければ「なし」と記入する。

■1 （今年間の）遅刻回数・欠席日数とその理由

遅刻回数（分かる範囲で）　　　　回　　理由（必ず）

欠席日数（分かる範囲で）　　　　日　　理由（必ず）

■2 生徒会・学級の係

生徒会役員　（ 前 ・ 後 ）期　（　　　　　）委員

活動内容・がんばったこと（具体的に）

学級の係　（ 1 ・ 2 ・ 3 ）学期　（　　　　　）係

活動内容・がんばったこと（具体的に）

（その他）新入生合宿、体育祭、文化祭、学年レクでの係・役員（あれば詳しく記載）

■3 学習でがんばったこと（どんなことをがんばり、どんな力がついたのか詳しく書く）

例）英語：授業でしっかり先生の話を聞いてメモを自主的にとった、ペアと練習に取り組んだり、家でも毎日ユメタンCDを聞いたりするなどして、中間から期末にかけて英語は20点点数が上がった。

（　　）：

（　　）：

■4 自分の性格のよいところ（以下の□から特に当てはまるもの2つに✓し詳しく説明）
□生活習慣　□向上心　□自主性　□積極性　□継続する力　□思いやり・協力　□主体性の尊重　□牲　□公正・正直　□公共心

例【自主性】常に主体的に働くことを意識した。1年間で一番自主的に頑張ったのは、学園祭では50枚以上のピアを半年前から書いて100枚近くなった、身近な話題コネタを日記に書きため、クラスに還元した。
数学でも、他の人のために休み時間中はプリントが配られるたびに自主的に2面作ったことを2回ほどやった。

■5 特技・表彰を受けた行為や活動（この1年間）

例）表彰・新聞掲載等で本を借りた9名が半年以内に提出に届いたので、学校で表彰され100冊以上になった。正確なお品を集めた。

■6 部活名

部活名　　　　　　　　　役職（主将・副主将等）

入賞記録（県大会以上）大会名（いつ、正確な大会名）

活動内容・がんばったこと

■7 ボランティア活動（学校内外）
例）7月に地域で行われた再生品店協員に参加して、障がいの人と協力して再生品を集めた。

■8 今までに（学校外で）取得した資格・検定（高1以降も含む）　*第1取得ならば✓

【取得資格名】　　　　　　　　　　　　　　【取得年月日】　　※分かるところまで書く

□日本漢字能力検定　　（　　）級　　平成　　（　　）年　　（　　）月
□実用英語技能検定　　（　　）級　　平成　　（　　）年　　（　　）月
□実用数学技能検定　　（　　）級　　平成　　（　　）年　　（　　）月
□実用数学技能検定　　（　　）級　　平成　　（　　）年　　（　　）月
□その他　　　　　　　（　　）級　　平成　　（　　）年　　（　　）月

■9 現住所　*住所変更があった人のみ

〒

■10 希望進路・職種

□大学進学　□その他　大学（　　　　　　　）学部（　　　　　　　）
□希望職種　（　　　　　　　　　）

（　　）年（　　）組（　　）番　名前（　　　　　　　）

CHAPTER 9　終業式・卒業式の仕事術

年度末の仕事術② 3月中に今年度のまとめと新年度の準備を

　高3担任は、最後まで力が抜けません。大学入試指導がひと段落するのは、国公立の「後期」試験を受ける生徒がいれば、その発表の3月20日頃を過ぎた頃かもしれません。進学先未定の生徒がいれば、さらに指導が必要です。あと10日ほどで新年度という状況ですが、この間も教員は忙しいです。この時期には、やるべきことが大きく3つあります。一つめは、p.134で述べた指導要録など公的文書の作成。2つ目は、本年度の指導の個人的なまとめ、3つ目は、新年度に向けた準備です。ここでは2つ目と3つ目について考えます。

1 》手順

❶ **本年度の指導のまとめをする。（ノートに貼る）**
学級担任として作成した資料や写真などを一冊のノートにまとめる。その年を思い出して、次年度以降の指導に生かすことができる。（個人情報には注意する。）

❷ **春休み中に行う仕事の一覧を作る。（次頁参照）**
毎年、春休みには似たような仕事をするので、一度リストを作っておくと、次年度からは修正するだけで活用できる。「今年度のまとめ」と「次年度の準備」の2つの項目を入れる。残りの日にちを大切にし、次年度に備える。

2 》留意点・工夫

● 実践ノート作りは時間がかかるけれどお勧めである。
　過去の体験は残すことで、未来の自分にとって貴重な実践記録になる。
● 新年度の準備だけでなく、今年度の実践のまとめをする。
　まとめることで実践が蓄積される。次回、指導のスタート地点が6合目からになる。改善・改良もしやすい。意欲と根気が必要だが、意義は大きい。
● リストは終わるたびに ☑ する。スケジュール化すれば仕事がはかどる。

春休みの3月中にすること（例）

春休みにすること（一覧） ～「今年度のまとめ」と「新年度の準備」～

■すべきこと（全般・分掌）	■教科関係	■学級・学年
今年度のまとめ（整理）	**今年度のまとめ（整理）**	**今年度のまとめ（整理）**
□1 日誌（実践記録）のまとめ	□1 授業記録のまとめ	□1 指導要録（下書き・清書）
□2 机内・まわりの整理	□2 アンケートまとめ	□2 旧教室・ロッカーの整理
□3 ファイルの中身を捨てる	□3 中学3年間基本文リスト作成	□3 旧クラスまとめ
□4 研修記録をまとめる	□4 『英語教育』注文	□4 学級日誌をまとめる
□5 職員室ロッカー資料整理・廃棄	□5	□5 職朝資料をまとめる
□6	□6	□6 進路メモを修正する
□7	□7	□7 デジカメ写真フォルダ作成
□8	□8	□8
□9	□9	□9
□10	□10	□10
□11	□11	□11
□12	□12	□12
□13	□13	□13
新年度の準備	**新年度の準備**	**新年度の準備**
□14 New Diary 線引き	□14 シラバス作成	□14 新学年進路目標把握
□15 年間行事予定 copy&paste	□15 Can-Do リスト更新	□15 学年会ファイル作成
□16 野球ノートに重要資料を貼る	□16 教科書の通読	□16 進路年間スケジュール
□17 次年度の仕事の関連本	□17 次年度予算の作成	□17 新年度準備一覧プリント印刷
□18	□18 教材注文	□18 学年資料を教務提供に
□19	□19 新ノート作り	□19 出席簿日にち振り
□20	□20 新教材ファイル作り	□20 雑巾用ボックス
□21	□21 クラス分け名簿	□21 提出物☑用ファイル
□22	□22 授業開き準備	□22 生徒自己紹介プリント
□23	□23 授業準備（L.1&2）	□23 座席表
□24	□24	□24 生徒名をマグネット印刷
□25	□25	□25 掃除当番割り
□26	□26	□26 クラスの係決め
□27	□27	□27 日直の仕事
□28	□28	□28 学級開き準備
□29	□29	□29
□30	□30	□30
□31	□31	□31
□32	□32	□32
□33	□33	□33

CHAPTER 9　終業式・卒業式の仕事術

CHAPTER 9

3 最後のホームルームはスライドショーで思い出を

　学級のはじめに「学級びらき」をするように，学級の最後にはぜひ「学級じまいの会」（最後のホームルーム）を「心を込めて」行いたいものです。会の中心は，一年間の写真をまとめたスライドショーの視聴。その後に，教師や生徒が語ります。「よい一年間だった」「このクラスでよかった」と思ってもらい，「また次の年に頑張ろう」という気持ちになってもらえれば，と思います。

1 » 手順

【事前準備】
❶ スライドショーなどの必要な準備をしておく。
❷ プロジェクターやスピーカー・スクリーンなど必要な機材を準備する。
【当日の進行】
❶ 「一年間の思い出スライドショー」を視聴する。
❷ 担任と副担任があいさつする。（学級開きで語った言葉と関連させて）
❸ （希望者か代表者など）生徒があいさつする。

2 » 留意点・工夫

- 最後のスライドショーのために，一年間写真を撮りためておく。
- 作成は教師でもよいし，パソコンが得意な生徒に頼んでもよい。
- スライドショーの写真には，「学級日誌」に書いてある生徒の感想をデジカメで撮って，それを貼りつけることもできる。（p.29参照）
- 「スライドショーのBGMは，相手に合わせる」が基本。
  教師でなく，生徒に合わせて選曲する。ネットのランキングなども参考になる。

> パワーポイントを使ってスライドショーを作るときに役立つ2つの機能

❶ 写真を一気にパワーポイントに貼りつける「フォトアルバム」機能

1枚ずつパワーポイントに貼りつけるのは大変。一気にする方法がある。

①パワーポイントに貼りつけたい写真を一つのフォルダにまとめる。
②パワーポイントを起動し，メニュー［挿入］－［フォトアルバム］をクリック。
③［フォトアルバム］－［写真の挿入元］欄－［ファイル／ディスク］をクリック。
④［新しい写真の挿入］ダイアログで①のフォルダを選択。すべての写真を挿入するには，［shift］キーを押したまま最初と最後の写真を選択し，［挿入］をクリック。
⑤［フォトアルバム］ダイアログ－［アルバムのレイアウト］欄－［写真のレイアウト］コンボボックスで「スライドに合わせる」を選択。
⑥［フォトアルバム］ダイアログ－［作成］ボタンをクリック。

❷ 生徒名をエンドロールにして流す「クレジットタイトル」機能

人は自分の名前が出てくるとうれしい。

使用機能「クレジットタイトル」。PowerPoint 2010。

①パワーポイントのスライドに文字（表示させたい生徒名）を入力する。デジタルデータをコピー＆ペーストすれば簡単。
②文字の入った枠（テキストボックスやプレースフォルダ）を選択する。
③メニュー［アニメーション］をクリック。
④［アニメーションの追加］－［その他の開始効果］をクリック
⑤［はなやか］－［クレジットタイトル］を選択－［OK］ボタンをクリック。

実録① 高2担任 最後のホームルーム

> 実録！ 高2担任最後のホームルーム

　高校2年生，感動的な最後のホームルームになった。どのようなことがあったのか，振り返ってみたい。

■　一年間を振り返るスライドショー

▶まずは，生徒にこの一年間を振り返る「スライドショー」を見てもらった。教室の空気をつくるためだ。この15分間は，「懐かしい」という表情で皆スクリーンを見つめていた。途中，海外に留学しているはずの仲間の写真が出てきたところで，生徒は「え？」という表情をした。国内の生徒が，アメリカにいるその生徒と連絡をとりあって，現地の写真を送ってもらっていたのだ。Facebookを使って。現代の高校生が日常的に国境を超えてやり取りをしている姿を見た。

▶スライドショーの最後は，生徒全員の名前がエンドロールで流れ，学級全員の集合写真。終わったところで私は皆に話した。「楽しかったですね。実はこのDVDを作ってくれたのは，●くんです。何と，宿題もおいておいて徹夜で仕上げてくれたのです！」と言うと，教室がワッと笑い声であふれた。皆で拍手をする。本人も満足そうな表情。普段は少し課題提出が遅れ気味だった●くんも，こうやって自分が得意なところで集団に貢献して，人から認めてもらう場面は大切だと思う。夏からあたためていた企画が，無事成功した。

■　副担任の先生からの話

▶その後，副担任の先生から話をしてもらった。このクラスの雰囲気がよかったこと，私（上山）と一緒にクラスを持ったことで「生徒への伝え方」や「乗せ方」の勉強になったと話してくださった。私は，「●先生は，すごくこのクラスのことを手伝ってくださいました。●先生なしではこの学級はなかったと思います」と言って，副担任の先生に皆で拍手をした。●先生も，驚きと喜びの表情をされていた。

■　担任からの話

▶その後すぐに，私は手元の iPod を操作して，BGM を準備した。選んだ曲は「いきものがかり」の YELL（instrumental）。歌詞なしバージョンだ。この曲を流しながら私は語ることにしていた。生徒に語る内容は，4月の学級開きで伝えた「このクラスで目指すこと」。「出口と入口をつなげたい」という思いからだ。（入口：学級開き，出口：最後のホームルーム）

> 「高校3年生での進路実現を目指すために，この2年生では「自主性」を重んじようと皆さんには話をしてきました。そのために，このクラスでは，2つのことを目指していました。『（居心地が）いい学級』と，『（皆が）頑張る学級』です。どうでしょうか，みなさん，実現できたでしょうか。（生徒うなずく。）僕はかなりできたと思っています。家族でも部活でも同じだけど，自分たちが頑張るためには，『その土台となる居場所が居心地よい』というのが必要です。家に帰ってもケンカばっかりという状況では，勉強も頑張れませんよね。その点，このクラスはとても居心地がよかったです。多くの人がそう感じてくれていたようです。（うなずく生徒。）来年は，同じ学級になる人も違う学級になる人もいると思いますが，それでもいい関係を一緒に続けていけたらと思っています」

と，こんな話をした。感動的な BGM と相まって，涙を浮かべている生徒も複数いた。（言葉では表しにくいが，）感動的な雰囲気になっていたと思う。

■　生徒からの話

▶担任と副担任の二人からの話を終えた後，「誰か学級に向かって話をしたい人いますか？」と全体に聞いた。本当は全員に一言ずつ話をしてもらいたいと思っていたが，ホームルームの残り時間ではそれは難しかった。問いかけた後10秒くらいたって，■くんが「じゃ，僕が」と席を立った。彼は，「自分だけ急にこのクラスに入ったが，この学級でよかった。みんな優しかった。頑張れた」と述べた。一層，大き

な拍手が起こった。■くんの「この学級でよかった」という思いを皆で共有できたのはよかった。

■　生徒へのプレゼント

▶▶いい思い出というものは，いつまでも鮮明には残らない。記憶は薄れていくからだ。しかし，写真があれば，時には思い出せる。そう思って，一年間撮りためた学級写真のいくつかをカラーで印刷し，Ｂ５サイズにまとめたものを生徒にプレゼントした。学級じまいＤＶＤも一緒に配布した。（同時に，個人情報に関する注意もいくつかして。）

▶▶生徒への記念品を配布し終えた後，生徒が思いがけない言葉を口にした。「私たちからも先生に渡したいものがあります」そう言って２人が席を立った。何だろうと思っていると，２人が担任と副担任の私たちの前に立ち，袋に入った黒いものを手渡してくれた。その場ですぐに開けてみると，学級のみんなからのメッセージブックだった。小さな紙に文字がぎっしり。驚いた。驚愕した。震えた。感動した。修了式の日にこのようなプレゼントを生徒からもらうのは初めてだった。卒業式の後なら分かる。本当にうれしかった。次のようなメッセージがたくさん書かれていた。２人を紹介してみる。

■　生徒Ａからのメッセージ

　　上山先生！！１年間お世話になりました（＾＾）｜　上山先生は本当に生徒思いで誰に対しても平等に接してくれて，みんなの人気モンで，すごいなぁ～って心から尊敬しています♪いつ見ても笑顔で，辛さを顔に出さないようにしているところとか，見習いたいことがたっっくさんあります（＾Ｗ＾）あいさつをしたらとびっきりの笑顔で返してくれて，すごく嬉しかったです★学級のために，写真を飾ってくれたり，話を真剣に聞いてくれたり，喜ぶ所で一緒になって子供のように喜んでくれたり，いつも生徒の立場に立って考えてくれた

りと，もう本当に上山先生最高です！！本当に本当にほ～んとうに大好きです♥ I love you～（＾3＾）こんなにサイコーな先生に出逢えるなんて，私はめちゃくちゃ幸せモンです！！授業だけでなく，担任の先生という特別な存在で関われてよかったです♥来年も上山先生が担任がいいなー！！と本気で思います（＊＾_＾＊）！！どうなるか分かりませんが，もし学級の担任じゃなくても末長～っくよろしくお願いします（＊＾_＾＊）♪
ps 私は英語が大嫌いですが，上山先生の英語の授業は大好きです！すぐ授業が終わっちゃいます（＊＾_＾＊） 時間経つの早っ！！まだまだ書きたいことがあるのに書けないのが残念です・・・m(_ _)m とにかく！！ありがとうございました♥！

■ 生徒Bからのメッセージ

　私は上山先生のことをすごく尊敬しています！いつも生徒のことを考えていて，その愛が伝わってきます，熱意を感じます。何より英語の授業では，上山先生ってなんでこんなに皆をやる気にさせられるんだろうと不思議でなりません。そのくらい Mr. Kamiyama の English class が大好きです。あと，誤答処理のノートのはしっこに，コメントを書いてくださったことがありました。私は「どうせ提出してもちらっと見て終わりだろうな」と思っていましたが，大きな間違いでした。先生は一人一人のことをしっかり見ていました。それがとっても心に残っています。そして，次のやる気につながります。言葉ではうまくあらわせませんが，とにかく先生は素晴らしい人だと思います。世界一の英語教師だと思います。・・・ウソくさいですよね（笑） ところがどっこい私は本気です（＾　＾）♥　いつだって本気です。そんな私です（＾w＾）
　このクラスはなんか独特な雰囲気ですよね。とても居心地がいい。それでいてやる時はとことんやる！大好きな空間でした。上山先生無しではありえなかったと思います。来年も担任してください，お願いします・・・(T_T)
先生大好き～　＼(＾o＾)／　！！！

▶▶ありがたいなぁと思った。目を閉じて，生徒に感謝した。その後，2日間で10回ほど皆のメッセージブックを読みなおしたのではないだろうか。うれしいなぁ。（今でも大切にしている。）

■　ホームルームの後に

▶▶ホームルームの後には，教室掃除とワックスがけがあった。これは，生徒は自主参加でよいことになっていたのに，一部の生徒だけでなく，皆が協力して手伝ってくれた。全員が集中して皆で取り組む。その結果，短時間で物事を終えることができる学級。これは，いい学級の条件の一つだと思う。

▶▶この一年間，生徒に多く口にした言葉がある。「ありがとう。サンキュー。助かるわ」このようなプラスの言葉がたくさん飛び交うと，いろいろなことに対する皆の参加意欲が高まるのかもしれない。プラスの言葉を使うことは，毎日顔を合わせる生徒と先生にとって大きいと思う。

▶▶一年間やりきったと思う。次年度もまた，このクラスを超えるクラスをつくりたい。

CHAPTER 9 - 5

実録② 高3担任 卒業式の一日

> 高校生にとって，卒業式とその後のホームルームは特別な意味があります。2月に国公立大学の前期試験を受験した生徒は，発表が3月のため，3月1日の卒業式の時点では発表前で，気持ちが落ち着かない生徒もいます。そんな中でも公式の登校日の形でクラスメイトと会う最後の日であり，保護者にとっても高校生活最後の一日となるわけです。高校3年生の担任にとっては，進学指導等でまだまだ忙しい時期でしょうが，卒業式とその前後のホームルームに向けてしっかりと準備をして，最高の（感動の）一日をプロデュースしたいものです。これが全員そろう最後の一日になるのです。

1 » 手順

❶ 卒業式前のホームルーム（卒業式や国公立入試等についての説明）

①国公立の前期試験で合格した者は担任にすぐに電話連絡する。
②進学先が決まった生徒は,「受験体験報告文」を作成する。（p.132参照）
③卒業式では，呼名と歌で大きな声を出そう。
④卒業式後のホームルームについて（「一人30秒スピーチ」がありますよ）

❷ 卒業式

❸ 卒業式後のホームルーム（保護者も教室で参観される。）

①卒業証書を一人ずつ担任から渡す。
②副担任あいさつ（生徒や担任のあいさつが最後に来る方がよい。）
③学級スライドショー（一年間の写真を撮りためたもの）
④生徒あいさつ（一人30秒スピーチ）
⑤担任あいさつ（に加えて，学級全員で円陣・学級全員写真・個別写真等）

2 » 留意点・工夫

● 卒業式の一日の詳細は，次のページから「実録」で紹介する。

実録！ 高3担任卒業式の一日

　現在，3月1日（金）の15時30分。卒業式とその後の最後のホームルームを無事終えた充実感というか，幸せ感というか，安堵感というか，それらを全て含んだ感じに包まれて，落ち着いて職員室のイスに座っている。長くていろんなことがあった一日。よい終わりの日になったと思う。一日を振り返ってみたい。

■　朝のホームルーム

▶卒業式当日の朝のホームルームは10分間と短時間だったが，生徒は今まで以上の集中力を見せた。顔が上がって教師と目線がつながる。卒業式ということで，ピシッとした気持ちになっている。生徒に伝達したことは10項目以上にのぼったが，主要なことは主に次の3つだった。

---

❶　国公立試験・前期合格者について
　①合格発表後は，すぐに学校または担任（休日）に電話連絡をする。
　②報告するため学校に登校する日は3月12日。（後期試験の日）
　　　これは，前期不合格者への配慮（彼らの前で喜ばない）から。
　　　最後まで頑張っている人が一番大変と思って，彼らに協力（心情に配慮）しよう。
　③進学先が決まったら合格体験記を作成する。持参するか学校にメールする。

❷　卒業式の後のホームルームについて
　①「一人30秒ずつ」話をしてもらうので考えておく。
　（できれば保護者の方へのメッセージも入れよう。）
　②動画を見るので卒業式前に準備をする。（パソコンのセッティング等）

❸　卒業式で意識するポイントについて
　　　一番のポイントは，呼名と歌で大きな声が出るか。
　（聞き手が意識できるのは生徒の声。自分の気持ちをすべて声に集約する。）

ショートホームルームでは，特に❸の「呼名」に関してその意味を伝えておこうと思い，次のように話した。

> 「呼名は大きい方と小さいのはどちらがいいと思いますか？」（生徒を当てる）「大きい方がいいと思います」「なぜだと思う？」と問いかけ，少し間をおいて次の話をした。「保護者にとっては，大きな声で返事をするわが子の声を聞くと，立派に育ってくれたと思ってうれしいのです。聞こえないような小さな返事だと心もとない。大きな声での返事にはもう一つ意味があります。それは，教員に対してです。担任が呼んだ名前に対して生徒から大きな声で返事がある。これは，『声の大きさは担任と生徒との信頼関係の大きさ』だと考えます。自分の呼びかけに大きな声で返事をしてくれることは，大きな関係や信頼があるからこそ。教員にとってもすごくうれしいことなのです」

▶▶大きな声で返事をすることの重要性以外にも，このクラスならではの大変さに関する話もした。それは，「1組は何事をするにもすべて一番初めなので，それが他の学級の基準になる」ということ。一番先にする人は，前にまねができる人がいないので準備が大変だが，しっかり意識をして準備をすることで経験値もそれだけ大きくなる。あとの学級にいい影響を与えるためにも，このクラスが頑張ろう。」伝達事項を一通り終えた後は，少し休憩時間があった。その間，生徒たちは卒業アルバムにコメントを書きあったり，写真を撮ったりしあっていた。

■ 整列

▶▶式場に向かうために廊下に整列する2分前に生徒は再度各自着席し，最後は，全員で「いくぞ！」と言って士気を高めあって，廊下に並んだ。

▶▶廊下に整列したのは9：35。体育館への入場は9：55からだったので，体育館前で長い間待つことになった。この間は学級の生徒と一緒に，「返事を大きく頑張ろう」とか，卒業証書授与を代表して行う生徒に「頑張ろう」と声をかけていた。生徒た

ち同士で，「私，大きい声で頑張ろ！」と言う言葉を聞いたときには，とてもうれしかった。思いを受け止めてくれているんだなぁと思った。

▶▶式の開始を入場ドアの付近で待っている間は，担任の自分もかなりドキドキして緊張感があった。これだけの緊張感を味わったのは久しぶり。隣に並んでいた野球部の生徒と，「野球部の夏の大会のときみたいだね」と話した。担任である自分の緊張は，「呼名を間違わずにできるかどうか」という不安によるものだった。落ち着いて考えると，その不安は決して高くない。これまで何度も呼名の練習をしたし，人前で話す機会で大きな失敗をしたことはほとんどない（はず）。そう考えると，自分に成功体験があることが分かり，「できる，できる。自分はできる」と何度も唱えて，自分をその気にさせればいいということに気づいた。（これは，今後，同様の状況の生徒にアドバイスする時に生きる教訓になると思う。）

■ 入場

▶▶式場への入場の出番は5分早くやってきた。来賓の入場が終わり，会場準備も整ったことで，予定より5分早い9：50に入場開始の合図が届いた。1組の担任として学級を先導して歩くのは緊張した。前日の式練習と状況が違うだけで，歩きながら「どのような道順で歩くんだったっけ？」と一瞬不安になった。前日のリハーサルはこの学年だけで行ったので，保護者の方もおられないし，在校生の席も空いていた。今日歩きながら目に入ってくる光景は，昨日の練習とはまったく異なるものだった。歩きながら，今後に生かせる教訓を得た。大きな舞台を経験する生徒には，「本番と同じ状況でリハーサルすることが大切だよ」と伝えよう。

■ 卒業式開式

▶▶何とか無事に全員席に着き，卒業式が始まった。最初は国歌斉唱。幸運だった。国歌斉唱は儀式の一つであるとともに，緊張した担任にとっては，次の呼名の声出しにもなる。行事の順番には深い意味があることを知った。

■ 卒業証書授与の「呼名」

▶国歌斉唱が終わり、次はいよいよ卒業証書授与の「呼名」。学年主任が最初の言葉を言った後、すぐに1組の自分の出番となった。出席番号1番の生徒名を呼ぶ前に、忘れず「1組」という言葉を言う。第一関門突破。まだまだ緊張感は続く。一人ひとりの名前を呼ぶときは、威厳があるように、かつ、マイクを通して聞き手にとってよい声が会場に響くように発したつもり。生徒は大きな声で答えてくれた。特に大きかったのは、後半の男子。あまりに大きすぎて周囲の生徒から声が漏れる場面もあった。全体としては、卒業式という厳粛さを求める式では少し申し訳ない場面だったかもしれないが、担任としてはうれしかった。式が始まる前のホームルームで、「声の大きさは、担任と生徒の信頼や関係が大きいことであり、保護者もうれしいこと」と話をしていたからだ。生徒と心がつながりあった瞬間だと思ってうれしくなった。すぐに、座席に座っている自分の手のひらにボールペンでメモをした。「呼名　大　うれしかった」。後のホームルームで語ることを忘れないようにするためだ。

▶呼名をしているときの自分は正直、余裕はなかった。本来なら、担任が生徒の名前を読んで、生徒が「はい」と立ち上がった直後に、担任と生徒で視線を合わせるとよい、と思っている。担任と生徒の信頼関係が声だけでなく、視線でもつながることになるからだ。以前別の中学校で中3を担任したときは、そうしていた。しかし、今回は規模が違う。間違えないという「正確さ」の方を大切にすることにした。生徒に目をやる時間を短くして、その分、次の生徒の名前を間違わないよう、名簿の名前を指で押さえたり、目で本人をチラッと（できるときは）確認したりすることにした。呼名のときに、一人、危ない場面があった。それは読んでいる部分から目を離してしまい、生徒の下の名前を見ずに呼んだこと。普段の学校生活では、その生徒を呼ぶときに苗字で呼んでいたので、下の名前に慣れていなかった。その瞬間「まずい」と心から思ったが、下の名前が自然に心から出てきた。直後に生徒が「はい」と返事をしてくれ、その生徒の名前の振り仮名を見ると合っていたので安堵した。あせって緊張した中でも、心の中で自然に出るレベルにまで生徒の名前を覚

えておくのは，当然なのだが，この当たり前の大切さが身にしみた。

▶呼名は，無事最後の生徒まで終わった。自分の学級が無事終わり，イスの上でほっとした。担任にとって，卒業式の一番大きな仕事が終わった。

■　式辞

▶その後は校長式辞や来賓祝詞など，いろいろな方のあいさつが続いた。例年以上に親身に聞こえた。卒業生を送り出す当該学年に所属していると，式辞などへの主体性が増すからだと思う。どの方の話も，今日の彼らのために考えて話をされていることに気づくことができた。

▶挨拶の中で特によかったのは，本校卒業生による答辞。すばらしい内容だった。言葉や心境を自分の言葉でつづり，苦しかった胸のうちを明かした。仲間や教職員，家族，後輩に対して思いを述べた。「お父さん，お母さん！」という呼びかけで始まる家族への言葉には涙を流した人もいたと後で聞いた。しっかり時間をかけて考えたのだろうと思った。多くの方面への配慮が行き届いたすばらしい答辞だった。

■　退場

▶式はどんどん進み，最後に生徒が退場する場面になった。感慨深い場面である。担任する学級の生徒の前に立ち，担任の自分がしたことは，学級の皆に「起立」の合図を手で出すだけ。その後生徒たちは，「教師による先導なし」で会場を出て行く。入場する時には教師の先導があり，退場する時には教師の先導がないことが意味することは何か。卒業式を終えて退場するということは，生徒は先生から巣立っていく，ということ。この場面は毎年自分が最も好きな場面の一つだ。中には，教師集団の方を向いて立ち止まり，一礼して出て行く生徒もいた。また，目が合って微笑んで会釈をして出て行く生徒，こちらを向いて，「ありがとうございます」と唇の動きで思いを伝える生徒。うれしいなあと思う。担任している生徒が全員体育館を出て行く姿を見送ると，「ふ～っ」と大きく長い息をついた。この一年間を，そして，

中高一貫校として言えば，中学からの6年間を見送ったぞという安堵感からだったのだと思う。

■ 卒業式直後（事務室）

▶▶卒業式が終わっても，担任は忙しい。来賓の方が式場を退場された後に，高校3年生の担任団はすぐに事務室に向かった。学級で生徒に渡す卒業証書と卒業証明書を受け取るためだ。この後のホームルームで生徒に渡す。担任団は，笑顔であせっていた。「どうする？ 卒業証書は最初に渡す？ 担任の言葉はいつ？ 副担任のあいさつは？」。「本気であせる」とはこういうことを言うのだろうと思った。普段は冷静な高校3年生の先生が，あのようにあせっておられる姿を見て，少しほほえましかった。それほど，最後のホームルームの意味は大きい。保護者も数多く参観されている。

■ 最後のホームルーム

▶▶自分が教室に入るとすでに保護者の方も入室されていた。教室は後ろも横も人でいっぱい。が，自分は大変落ち着いていた。「教室はホーム」という感じがあるからだ。授業と同じ。卒業証書を渡す場所は少し工夫をした。担任が卒業証書を渡し，副担任が卒業証明書と花束（1輪）を渡す位置を，それぞれ教室前方の両端に分けることにした。保護者の方にも「保護者の方がわが子の写真を撮るシャッターチャンスが2倍になります」と意図を説明した。保護者からも「なるほど」という声が聞こえた。

■ 担任からの卒業証書授与

▶▶卒業証書渡しには実は少し悔いが残った。生徒の名前を教室中に響き渡るような，もう少し大きな声で呼んであげればよかったと思う。卒業証書を渡す生徒は自分の目の前にいて，さらに，残り時間を気にしていたこともあり，けっこうスピーディーに，「○○さん おめでとうございます」と渡してしまった。遠くの保護者の方には，その声は届いていなかったかもしれない。実は，渡し方やその後の流れをまだ

迷っていたことから生じたのだと思う。（この反省を次に生かそう。）

■ 副担任の先生あいさつ
▶▶卒業証書を一人ずつ全員に渡し終えた後は，副担任の先生に先にあいさつをいただいた。生徒や担任のあいさつが後の方が進行上良いだろうという理由からだ。ただ，急にお願いしたので，副担任の先生にびっくりされてしまった。（これも，次回へ向けた反省。）が，そこはさすが経験豊富な先生で，たっぷり4分間ほど話をしてくださった。終わった後は，再度「〇〇先生は今年が最後の年でした。定年前の最後の学級です。力をたくさん貸していただきました。ありがとうございました。」とお礼を述べて，生徒と保護者と一緒に大きな，そして，長く続くあたたかい拍手をした。

■ 学級スライドショー
▶▶副担任の先生の話に続いては，学級スライドショー。この目的も，保護者と生徒に先に伝えた。「生徒会が作成した学年スライドショーは先ほどの会場で見ていただきましたが，今回のスライドショーはこのクラス特集で，わが子の姿を多く見ることができます。生徒もこの一年間を思い出し，次のあいさつがしやすくなると思います」

▶▶生徒は映像を，笑いながら，じっくり見てくれていた。隣の生徒と寄り添いながら見ている生徒や，タオルを口元に当てて見つめている生徒。生徒と保護者が一緒に笑う場面もあった。楽しいコメントを随所に入れておくとよいことも分かったし，常に面白い表情をして写真に写る生徒の存在が貴重ということもよく分かった。また，「この学校（中高一貫校）で中学1年生のときに私が担任した生徒たちがこのクラスに6人もいます。誰でしょう？」と，6年前の写真を見せながら伝えた場面では，「そんなに～」という声も聞こえた。同じ生徒たちの中学1年生の入学式と高校3年生の卒業式を担当できるなんて，（中高一貫校で）大変ありがたい経験をさせていただいていると思った。スライドショーの最後は，「今後もずっと応援しています。皆でよい関係でいましょう。同窓会を楽しみにしています。」という文字。担任の本

心であった。

▶▶写真のスライドショーを見終えて,今まで撮った動画や写真をまとめたDVDと学級写真をプリントアウトしたものを生徒に手渡した。「自分が生徒全員にしてあげることで最後にできることだと思って,魂をこめて13時間かけて作成しました」と話した。気持ちが伝わってくれたらうれしい。

■ 生徒挨拶（一人30秒スピーチ）

▶▶スライドショーの次は,いよいよ生徒の挨拶。生徒には「一人30秒スピーチをする」と事前に伝えていた。雰囲気を出すBGMも用意した。「桜」に関する曲をオルゴール演奏したアルバムだ。生徒の話を邪魔せず,かつ,その場をしっとりした雰囲気にする。音量は,BGMが微妙に聞こえるくらい小さな音がちょうどいい。

▶▶生徒は,30秒スピーチの中で,いろんな感謝の思いを述べた。「楽しかったとしか言えない」「担任,副担任の先生にとてもお世話になりました」「最初はこの学級になって不安だったけど,皆が優しくしてくれてうれしかった」「自分がつらかったとき,ソイツもつらいはずなのに『頑張れ』と言ってくれた」「自分は自分の夢を語ります」などなど。どれも思いにあふれたものだった。涙ながらの挨拶を聞きながら,生徒はすごいなと思った。短時間で思いを短くまとめ,聞く人を感動させる。

▶▶担任としての自分は生徒の話に感動したり写真を撮ったりしながらも,もう一つ気にしていたことがあった。それは,ホームルームの終了時刻だ。というのも,事前に全学級で,「卒業式後の最後のホームルームは,12：30までに終えよう」と決めていたからだ。ホームルームの後には,部活動単位で集まる生徒がいたり,仕事に戻られる保護者もおられたりするからだ。（前年度は,最後のホームルームの終了時刻が各学級で大幅に異なっていた,という反省から。）

CHAPTER 9　終業式・卒業式の仕事術

■　担任より（保護者の方へのお願いとあいさつ）

▶▶全生徒のスピーチが終わったのは，終了予定時刻ピッタリの12：30だった。しかしまだ担任としての話ができていない。ここで終わるわけにもいかない。そう判断して，保護者の方にお願いした。「終了予定時刻にはなっていますが，もう少し続けさせていただいてもいいでしょうか。（間）これほどよい授業はないと思うので」。「もちろん」という感じで保護者の方はうなずいてくださった。
（ここからは，申し訳ないことに時間を延長して続けている。次回への反省とする。）

▶▶自分は最後に生徒と保護者の方にどのような話をしようかと，実はその場まで考え続けていた。手のひらにとっていたメモの量も増えていた。自分がしたかったのは，「保護者（特に母親）の方へのあいさつ（ねぎらい）」と「幸せに関する話」の２つ。これを残り少ない時間の中でどう短く，かつ効果的に構成するかを考えた。結果，保護者の方に，先にお礼をしようと思った。ある音楽をかけながら，次のように語った。

▶▶「高校の卒業式は，中学の卒業式とは違うと思うんです。中学では卒業しても生徒はまだ親元にいますが，高校を卒業すると，親元を離れる人もいます。社会に出る人もいます」保護者の方はうなずかれていた。流した曲は，Metis の『母賛歌』という曲。これは，以前からよいと思って iPod に入れておいたもの。高校生を送り出す保護者にこの歌詞を送りたいと思い，この曲を最後のホームルームで流そうと決めていた。１番の歌詞を目をつむってしんみりと聴いてもらった。いい歌詞を聞いた後で，保護者の方にお礼の言葉を述べた。

▶▶「自分は，最後は最初に戻ることが好きなんです」と言って，教室に掲示していた「関係良好」「切磋琢磨」という文字を指差した。４月の学級開きで話して，そのときから掲示しているものだ。この状態を目指してこのクラスはやってきたことを確認し，最後に「伸役認愛」という文字を見てもらった。

①関係良好	幸せになろう
②切磋琢磨	伸役認愛

▶「伸役認愛」とは，大山泰弘さんの『利他のすすめ チョーク工場で学んだ幸せに生きる18の知恵』（WAVE出版）という本で紹介されている「人が幸せを感じる瞬間」をもとに，自分がまとめて考えた言葉。人は，自分の力が「伸」びるとうれしい，人の「役」に立つとうれしい，人に「認」められるとうれしい，人を「愛」したり，人から「愛」されたりするとうれしい。これが「幸せの伸役認愛」。人が努力をするのは，幸せになるため。そして，皆がこの学級でよかったと言ってくれてよかった。今後は，まわりの人にも幸せをひろげていける人になってください」保護者の中には，その文字を写真撮影されている方もおられた。この言葉は，自分がこだわって大切にしてきたものなので，最後に再び生徒や保護者に伝えることができてよかった。

▶保護者の方に続けた。「この一年間，副担任の先生と自分で，自分たちにできる最大限の努力をしてきたつもりです。できることはすべてやってきたつもりです。生徒と私で目指した関係は，結婚式に呼んでもらえるほどの関係でした。一年間だけの付き合いでなく，結婚式に呼ばれるほどの関係になるということは，それだけ真剣に一人ひとりと向き合い，深く関わっていこうとする覚悟を意味します。この一年間，足りないところも多々あったと思いますが，非力をお許しください。これが，私たちができる最大限のことでした。」この言葉を最後に言える状態にあるというのは，担任としてよかったと思った。一年間を終えて，やりきったといえる状態になっていることを意味するからだ。（とは言え，まだ国公立大学入試の結果待ちの状態で，すべきことはたくさんある。）

CHAPTER 9 終業式・卒業式の仕事術

■ 生徒から

▶▶その後は，生徒から「先生！」という声が上がり，生徒から担任と副担任にプレゼントをいただいた。副担任の先生にはメッセージ集が，担任の自分には全生徒の似顔絵とメッセージが入ったTシャツだった。自分は大学生のときに海外留学していて，帰国時にもらったサイン入りTシャツを今でも大切にしているので，それと同じようなものをもらってとてもうれしかった。生徒には感謝して，「ありがとう。これから毎日着ます！」と伝えると，教室に笑い声が起きた。

■ 青春の円陣

▶▶「最後にやりたいことがあります」と言って，生徒を見つめた。間を空けて，「それは円陣です」「もうこんなことはできません」と言うと，保護者の方も，うなずかれていた。みんなで教室の座席をすべて左右に分けて，（さすがに協力が早い）円陣を組んだ。代議員（学級委員）の生徒に近寄り，「何て声をかける？」と聞くと，「いくぞ！　がいい」との返事。今後も頑張るぞという意味でその言葉にしたようだ。男女全員で副担任の先生も交えて肩を組んだ。「いくぞ〜，お〜！」青春の一幕だった。保護者の方もまわりで写真を撮られていた。熱い青春の場面を見ていただけたのではと思う。（あとで，「旦那も，よいホームルームだったと言っていました」と声をかけてくださる保護者の方もおられた。）

■ 最後の学級写真

▶▶その後は，全員で最後の学級写真。みんなで教室後方に集まって，保護者の方はいっせいにカメラマン。自分は先ほど生徒にもらったTシャツを着た。礼服を脱いで着ると，大きさはぴったり。写真をたくさん撮った後は流れ解散になった。が，ここは少し悔いが残った。最後はやっぱり全員で「気をつけ」「礼」で解散していれば，さらに区切りとしてまとまった感があったかもしれない。しかし，高等学校教育を修了して自分たちで巣立っていく意味合いではよかったのかもしれない，とも思った。（事実，終了予定時刻も過ぎていた。）その後は，残った生徒たちで写真撮影大会になった。生徒から「一緒に写真に写ってください」と言われるとやっぱり

うれしいものだ。「お世話になりました」とクッキーをもってきてくれた生徒もいた。生徒のアルバムに言葉を書くよう求められたり，他の学級の生徒も一緒に写真を撮ってほしいとのことで，写真撮影を行ったりした。幸せな時間だった。

▶▶写真撮影がひと段落したころ，副担任の先生と自分は，パソコンなどの大きな荷物や花束を持って職員室に戻った。この後に野球部のお別れ会に参加することになっていたからだ。（自分は野球部顧問の1人）

■ 野球部のお別れ会

▶▶学級での会を終えてほっとする間もなく，校内で行われていた野球部生徒のお別れ会に途中参加した。卒業生があいさつした後は，監督と部長の自分の話をする番になった。自分は（転学した）元マネージャーの話と，さきほどと同じ「伸役認愛」の話をした。（私はこの話を本当に大切に思っている。）共通点は，「幸せ」。「いきものがかり」のYellという曲をBGMにかけて元マネージャーが書いた作文を読み上げた。涙目で聞いている生徒もいた。本当にいい選手たちだった。

▶▶野球部の会が終わった後は，今日の貴重な体験を忘れないようにと，今こうして思いを言葉に起こしている。そうしていると，野球部の監督から電話があって，「（途中で転学した）マネージャーが学校に来たので会ってやってもらえますか」との連絡。すぐに職員室から玄関に下りて久しぶりの再会。事情で転学した後も以前と変わらず，いい表情で明るく楽しく話をしてくれるので，こちらもその良好な関係にありがたいなと思う。聞くとその学校の卒業式は来週のよう。「先生の家に今度遊びに行きます」という言葉もあった。取ろうと思っている仕事に関する資格を3ヶ月で取れるようで，その後は働くそうだ。「給料入ったらおごってね」と言うと，「飲みに行きましょう！」との言葉。「20歳過ぎたらね」と返すと少し残念がっていた。が，法律を守ることも大切。最後は，「今後も長い付き合いになりそうだね」と言うと，うれしそうな顔で一緒におられたお母さんと車に乗って帰って行った。

■　卒業式の一日を通して

▶▶今日一日を通して，学級担任として，ありがたい経験をたくさんさせてもらっているなと思った。こうした経験は何度もできることではない。もしかしたら一度きりかもしれない。だからこうして忘れないために大切な思いを残している。

▶▶生徒からもらった手紙を読むと，再び，ありがたいなぁという気持ちになってきた。今日は，高校3年生の担任として肩の荷が少し下りた気がする。一生懸命学級担任として教育に取り組むうえで大切なことは，「その生徒との付き合いは，その一年だけでなく，一生の付き合いになると思って真剣に教育に当たること」かも知れない。今後も彼らといい関係を築いていきたいと思う。

▶▶夜に生徒から連絡があった。「先生，第1回同窓会を○月○日にしたいと思っています。来てもらいたいので，予定はどうですか？」

▶▶うれしいなぁ。

【主な参考文献】

- 内田悟（2010）『すぐ書ける！志望理由書　完全マニュアル』（真珠書院）
- 旺文社『螢雪時代』（シリーズ）
- 大塚謙二（2011）『教師力をアップする100の習慣』（明治図書）
- 大山泰弘（2011）『利他のすすめ　チョーク工場で学んだ幸せに生きる18の知恵』（WAVE出版）
- 桑原憲一・泰居克明編（2010）『中学校担任がしなければならない学級づくりの仕事12か月　3年』（明治図書）
- 高生研編（1991）『高校HRガイドブック1　ウォームアップ！HR担任』（明治図書）
- 高知県教育委員会編（2014）『学級経営ハンドブック「夢」・「志」を育む学級づくり（高等学校編）』
- 佐々木基（2009）『高校教師　これだけはやっておきたい黄金の三日間』（明治図書）
- 東海林明（2011）『高校教師入門　仕事の進め方・考え方』（学事出版）
- 進路就職研究会編（1996）『定時制・通信制高校と大検の活用　高卒「同等」資格合格への近道』（桐書房）
- 瀧沢広人（2013）『目指せ！英語授業の達人21　英語授業のユニバーサルデザイン　つまずきを支援する指導＆教材アイデア50』（明治図書）
- 長谷川博之（2010）『クラス皆が一体化！　中学担任がつくる合唱指導』（明治図書）
- 長谷川博之（2014）『生徒に「私はできる！」と思わせる超・積極的指導法』（学芸みらい社）
- 広島県教育委員会（2014）『平成26年度　広島県教育資料』
- 広島県立教育センター（2001）『校内における初任者研修資料―小・中学校の学級経営を中心にして』
- 堀裕嗣（2013）『教師力ピラミッド　毎日の仕事を劇的に変える40の鉄則』（明治図書）
- 向山洋一（1999）『教え方のプロ・向山洋一全集4　最初の三日で学級を組織する』（明治図書）
- 文部科学省（2011）『高等学校学習指導要領』（東山書房）
- 文部科学省（2011）『生徒指導提要』（教育図書）
- Benesse「2014年度受験生切り替え指導研究会」『VIEW21』（2014年10月特集号）
- Benesse『マナビジョン』　http://manabi.benesse.ne.jp/
- 独立行政法人大学入試センター『大学入試センター試験情報』http://www.dnc.ac.jp/center/shiken_jouhou/

【著者紹介】
上山　晋平（かみやま　しんぺい）
1978年広島県福山市生まれ。広島県立福山誠之館高等学校卒業後，山口大学教育学部に入学。2000年からオーストラリア・キャンベラ大学に交換留学。その後，庄原市立東城中学校，福山市立福山中・高等学校に勤務。2009年からは同校高校教諭となり，中高生の英語授業と高校野球部顧問（部長）を担当。セミナー，高英研，学会，校内研修会，ALT研修会等の各種研修会で発表・講演を行う。著書に，『目指せ！英語授業の達人17 45の技で自学力をアップする！ 英語家庭学習指導ガイドブック』（単著，明治図書），『目指せ！英語授業の達人26 英語テストづくり＆指導 完全ガイドブック』（編著，明治図書），『21世紀型授業づくり105 中学英語！ 到達目標に達しない生徒への指導支援』（共著，明治図書），『成長する英語教師を目指して 新人教師・学生時代に読んでおきたい教師の語り』（共著，ひつじ書房），DVD『意欲アップ！習慣定着！「楽しくて効果的な家庭学習法」』（ジャパンライム）など多数。地元福山市で英語授業研修会（BEK）を同志と主催し，若手教員とともに学んでいる。

高校教師のための学級経営365日のパーフェクトガイド
―できる教師になる！3年間の超仕事術―

2015年3月初版第1刷刊　Ⓒ著　者　上　山　晋　平
2021年3月初版第8刷刊　　　発行者　藤　原　久　雄
　　　　　　　　　　　　　発行所　明治図書出版株式会社
　　　　　　　　　　　　　　　　http://www.meijitosho.co.jp
　　　　　　　　　（企画）木山麻衣子（校正）坂元菜生子
　　　　　　　　　　〒114-0023　東京都北区滝野川7-46-1
　　　　　　　　　　振替00160-5-151318　電話03(5907)6702
　　　　　　　　　　ご注文窓口　電話03(5907)6668
＊検印省略　　　　　組版所　長　野　印　刷　商　工　株　式　会　社
　　　　　本書の無断コピーは，著作権・出版権にふれます。ご注意ください。

Printed in Japan　　　　　　　　　　ISBN978-4-18-183011-3
もれなくクーポンがもらえる！読者アンケートはこちらから→